HOFLÄDEN IN
BRANDENBURG

ROBERT ZAGOLLA

HOFLÄDEN IN BRANDENBURG

Die besten Ideen und Adressen für kulinarische Landausflüge

Mit Manufakturen

edition q im
be.bra verlag

Besuchen Sie auch:

www.hoflaeden-in-brandenburg.de

Hofläden in Brandenburg

Stand der Informationen: Januar 2020

Bibliografische Information der Deutschen Nationalbibliothek
Die Deutsche Nationalbibliothek verzeichnet diese Publikation in der Deutschen Nationalbibliografie; detaillierte bibliografische Daten sind im Internet über http://dnb.d-nb.de abrufbar.

KulturBrauerei Haus 2
Schönhauser Allee 37, 10435 Berlin
post@bebraverlag.de
Lektorat: Nele Robitzky, Berlin
Umschlag: hawemannundmosch, Berlin
Satz: typegerecht berlin
Schrift: Milo 9/12,5 pt
Druck und Bindung: Finidr, Český Těšín
ISBN 978-3-86124-714-2

www.bebraverlag.de

Inhalt

Eingang zum Hofladen von Gut Kerkow

Vorwort

Der Mensch ist, was er isst. Und immer mehr Menschen wollen wissen, was genau sie eigentlich essen. Das lässt sich am besten in Erfahrung bringen, wenn man in der eigenen Region direkt beim Erzeuger kauft und ihm quasi bei der Arbeit über die Schulter schaut. So verbindet sich im besten Fall der Erwerb von frischen und hochwertigen Lebensmitteln mit einem schönen Ausflug ins Grüne und einer Begegnung mit bäuerlichen Traditionen, die in unserer digitalisierten Welt allzu oft in Vergessenheit geraten.

Brandenburg ist ein Paradies für alle, die in diesem Sinne bewusst und nachhaltig einkaufen wollen. Ob Apfelsaft von Streuobstwiesen, Fleisch vom Weiderind oder Naturkosmetik aus regionalen Zutaten – fast überall kann man gleich um die Ecke Lebensmittel und handwerklich hergestellte Waren kaufen. Der Branchenverband ProAgro zählt in der Region Berlin-Brandenburg weit über 500 Hofläden und Direktvermarkter – von der großen Agrargenossenschaft über kleinere Obst- und Spargelhöfe, Ziegenkäsereien, Straußenfarmen und Imkereien bis hin zu Manufakturen und Brennereien. Allerdings ist es nicht leicht herauszufinden, wo für die individuellen Vorlieben das jeweils passende Angebot zu finden ist. Geht es dem einen darum, möglichst frische Produkte aus der Region zu moderaten Preisen zu erwerben, möchte der andere mit seinem Einkauf explizit den ökologischen Landbau unterstützen. Manche wollen gern in die familiäre Atmosphäre eines kleinen Bauernhofs eintauchen, andere freuen sich über ein umfassendes kulinarisches Angebot mit Imbiss, Biergarten und Streichelzoo.

Dieses Buch stellt eine Auswahl von knapp 300 Hofläden und Manufakturen vor, die in Brandenburg (und in Berlin) regionale Produkte herstellen und verkaufen. Darunter finden sich alteingesessene Familienbauernhöfe genauso wie ökologisch-soziale Projekte, mittelständische Agrargenossenschaften und neu gegründete Manufakturen, in denen großstadtmüde Menschen ihre Vorstellung von guten, handwerklich produzierten Lebens- und Genussmitteln umsetzen. Das Einkaufserlebnis ist dabei naturgemäß überall anders. Mal findet man sich inmitten einer Bullerbü-Idylle wieder, mal steht man in eher karg und provisorisch eingerichteten Verkaufsräumen. Bei dem einen ist alles sauber und durchgestylt, bei dem anderen eher unordentlich und bodenständig. Hier gibt es rustikale Hausmannskost, dort Latte Macchiato. Immer aber trifft man auf Menschen, die mit viel Engagement und Sorgfalt hochwertige Lebensmittel produzieren und mit denen man ins Gespräch kommen kann.

Die Entscheidung, welche Art von Hofladen die »richtige« ist, muss jeder für sich selbst treffen. Die Beschreibungen im Buch helfen hoffentlich dabei. Obwohl das Herz des Autors eher für die kleinen Biohöfe schlägt, wurden konventionell wirtschaftende Erzeuger bewusst nicht ausgelassen. Vielerorts ist auch hier ein zunehmendes Engagement für Tierwohl und Artenvielfalt zu beobachten, das sich natürlich besser finanzieren lässt, wenn man zu fairen Preisen direkt vermarkten kann und sich nicht dem Preisdiktat von Großkonzernen unterwerfen muss. Außerdem gibt es viele Betriebe, die zwar nach Bio-Standards arbeiten, aber die Kosten und Mühen für die Zertifizierung scheuen. Grundsätzlich gilt: Regional und direkt ist fast immer besser als von weither und aus dem Supermarkt.

Natürlich wäre es trotz allem weder nachhaltig noch umweltfreundlich, für jeden Einkauf Dutzende Kilometer im Auto zurückzulegen. Insbesondere die Übersichtskarten sollen deshalb dabei helfen, Hofläden in der näheren Umgebung zu entdecken, die vielleicht sogar mit dem Fahrrad oder öffentlichen Verkehrsmitteln zu erreichen sind. Außerdem will das Buch dazu anregen, den nächsten Landausflug oder Urlaub in Brandenburg – wenn man also ohnehin schon unterwegs ist – mit kulinarischen Entdeckungen zu verbinden. Ist man dann erstmal auf den Geschmack gekommen, kann man Einkaufsgemeinschaften gründen, Abokisten bestellen oder die regionalen Produkte bei Händlern in

Herbstliches Angebot auf dem Spargelhof in Schäpe

Schilder weisen den Weg, hier in der Klosterbrauerei Neuzelle

der direkten Umgebung erwerben. Nützlich sind auch Internetplattformen wie marktschwaermer.de, wo man Lebensmittel von regionalen Erzeugern bestellen und zu festgelegten Zeiten in Wohnortnähe abholen kann.

Aufgrund des beschränkten Raumes kann hier nur eine Auswahl der vielen Hofläden und Manufakturen vorgestellt werden. Wer viel in Brandenburg unterwegs ist, der weiß, dass man oft ganz unvermittelt auf handgemalte Hinweisschilder, kleine Privatimkereien oder improvisierte Verkaufsstände trifft. Viele davon tauchen gar nicht in der Branchenstatistik auf, da sie nur saisonal und im Nebenerwerb betrieben werden. Anzuhalten lohnt sich meist trotzdem.

Die Recherchen zu diesem Buch haben sich über mehrere Jahre erstreckt. In dieser Zeit sind einige Hofläden aus familiären oder wirtschaftlichen Gründen geschlossen worden, andere wurden neu gegründet, sind umgezogen oder haben ihr Angebot geändert. Zweifellos wird es auch in Zukunft Veränderungen geben. Daher empfiehlt es sich, vor dem Besuch die angegebenen Adressen und Öffnungszeiten noch einmal zu überprüfen. Aber selbst wenn man irgendwo vor verschlossenen Türen stehen sollte, gilt auch in Brandenburg: Der Weg ist manchmal das Ziel, und das nächste kulinarische, landschaftliche oder kulturelle Highlight ist sicher nicht weit.

In diesem Sinne wünsche ich Ihnen viele genussvolle Entdeckungen und guten Appetit!

Blütenpracht in der Gärtnerei Sternhof

Der Nordwesten

Prignitz
Ostprignitz-Ruppin
Havelland
Oberhavel

Plauer S
2
3
1
Pritzwalk
Perleberg
4
Wittenberge
Nieder-
sachsen
Elbe
1
Sachsen-Anhalt
Rathenow
Havel
Prignitz
Ostprignitz-Ruppin
Havelland
Oberhavel

Müritz
Mecklenburg-Vorpommern
Wittstock
Fürstenberg
Templin
Rheinsberg
Zehdenick
Neuruppin
Rhinkanal
Oranienburg
Hennigsdorf
Nauen
Falkensee
Berlin
Spree
Brandenburg an der Havel
Potsdam
Werder
Teltow

Prignitz

Auf der Straußenfarm Westprignitz

❶ Hofladen-Café an der Augentagesklinik

In einem alten Gutsgebäude betreibt Monika Wellenberg ein kleines Café mit Imbissangebot und Hofladen. Auf der Terrasse kann man im Sommer bei Kaffee und frischgebackenem Kuchen den Ausblick auf den Gutspark genießen. Der Hofladen bietet ökologisch erzeugte Produkte aus der Region wie Fruchtaufstriche, Honig, Säfte, Sanddornprodukte, Wildwurst und -sülze, verschiedene Teesorten, Naturkosmetik und Liköre, aber auch Gebrauchskeramik sowie Produkte aus Schafwolle. Ganz in der Nähe liegt das spätbarocke Schloss Wolfshagen mit Museum. Pankeweg 4e, 16928 Groß Pankow 033983-700 53 Montag bis Donnerstag 8–17 Uhr, Freitag 8–14 Uhr

❷ Prignitzer Landimkerei

Zu den Produkten, die die Imkerin Kerstin Wernicke in ihrer Landimkerei herstellt, gehören verschiedene Honigsorten, Honigsenf, Honiglikör, Propolis, Ringelblumensalbe, Lederpflege, Bienenwachsprodukte und Spezialitäten wie Prignitzer Walnüsse in Honig. Nach Vereinbarung und zu bestimmten Terminen können Besucher hinter die Kulissen blicken und selbst Honig schleudern. Der bienenfreundliche Bauerngarten bietet frisches Gemüse und Kräuter. Ellershagenerstraße 11–11a, 16945 Rohlsdorf 0152-018 25 027 prignitzer-landhonig@t-online.de • www.prignitzer-landhonig.de Freitag 16–20 Uhr, Samstag, Sonntag und feiertags 8–20 Uhr oder nach Vereinbarung

❸ Pritzwalker Heidelbeeren

Anders als der Name vermuten lässt, können hier auf einer knapp 10 Hektar großen Obstplantage in der Nähe des Naturschutzgebietes Hainholz nicht nur Heidelbeeren, sondern zur jeweiligen Saison auch Erdbeeren, Himbeeren und Johannisbeeren selbst gepflückt werden. Im rustikalen Heidelbeercafé werden zudem verschiedene Obstkuchen und Eissorten serviert, im Hofladen gibt es hausgemachte Heidelbeerprodukte wie Weine, Liköre, Brände, Tees und Fruchtaufstrich. Meyenburger Chaussee 4, 16928 Pritzwalk 0171-934 21 24 • www.heidelbeer-plantage.de Juni bis September: Dienstag bis Sonntag 9–17 Uhr

❹ Straußenfarm Westprignitz

Am Rand von Perleberg betreibt Dietmar Joesten seit 2004 seine Straußenfarm, auf der inzwischen mehr als 100 dieser langbeinigen Vögel leben. Im Hofladen verkauft er Straußeneier und Straußenfleisch (als Filet, Steak oder Wurst), aber auch kunsthandwerkliche Straußenprodukte. Nach Vereinbarung gibt es zudem Hofführungen mit Verkostung der Straußenwurst. Lübzower Weg 1, 19348 Perleberg 0152-032 05 777 • www.straussenfarm-westprignitz.de Donnerstag 10–12 und 14–16 Uhr, Freitag 13–16 Uhr, Samstag 9–12 Uhr und nach Vereinbarung

Ostprignitz-Ruppin

Weiderinder von Homemade

1 Bio Ranch Zempow

In der weiten Landschaft der Mecklenburgischen Seenplatte können Feriengäste auf der Bio-Ranch von Swantje und Wilhelm Schäkel die Seele baumeln lassen und den achtsamen Umgang mit Rindern, Schafen, Pferden, Ponys und Eseln erlernen. Von der stressarmen Tierhaltung profitieren nicht zuletzt die hofeigenen Angusrinder.

Auf der Ranch leben rund 130 Mutterkühe, die fast das ganze Jahr über draußen auf den umliegenden Weideflächen gehalten werden. Einmal monatlich lässt Familie Schäkel schlachten und das Fleisch zwei Wochen lang ruhen. Danach wird es zerlegt und reift küchenfertig zugeschnitten weiter, bis es sein volles Aroma entfaltet. Auf Vorbestellung kann man das Fleisch einmal im Monat frisch kaufen. Tiefgekühlt ist es jederzeit erhältlich, wie auch Bratwürste, Schafsfleisch, Merguez und Schaffelle sowie Tees und Öle aus Hanf. Regelmäßig gibt es Aktivitäten wie Ranch-Safaris oder Hütewanderungen mit Schafen. Zahlreiche Wander-, Rad- und Reitwege machen die Bio-Ranch zum idealen Ausgangspunkt für Tagesausflüge durch Wälder und Wiesen.

Bio Ranch Zempow, Birkenallee 6–12, 16909 Zempow
033923-769 15 / 033923-769 50 info@bio-ranch-zempow.de
www.bio-ranch-zempow.de Montag bis Freitag 10–12 Uhr, Samstag 11–12 Uhr
sowie nach Vereinbarung

2 Bäckerei Vollkern

Im kleinen Örtchen Rohrlack bei Neuruppin wird in großem Stil traditionelles Backhandwerk betrieben. Die Bäckerei Vollkern verarbeitet ausschließlich Getreide von Demeter-Bauern aus Brandenburg und Sachsen-Anhalt. Zusätzlich gibt es glutenfreies Gebäck und eine Auswahl an Bio-Lebensmitteln und regionalen Produkten wie Käse, Wurst, Marmeladen, Honig, Brotaufstriche und Säfte. Vollkern-Produkte sind auch in vielen Bioläden und direkt im Onlineshop erhältlich. Lindenhof 2, 16845 Rohrlack 033928-90 00 15 info@baeckerei-vollkern.de • www.baeckerei-vollkern.de Montag bis Freitag 8–18 Uhr, Samstag 8–12 Uhr

3 Braunsberger Höfe

Monique und Rüdiger Haegele betreiben auf ihrem Ferienbauernhof in der Ruppiner Schweiz Landwirtschaft mit artgerechter Tierhaltung. Im Hofladen, den Feriengäste täglich nutzen können, gibt es für externe Kunden immer freitags u. a. Wurst und Fleisch vom Sattelschwein oder vom Coburger Fuchsschaf-Lamm, je nach Saison Kartoffeln, Gemüse und Kräuter, hausgemachte Fruchtaufstriche, Säfte und Liköre sowie hausgebackenes Holzofenbrot und Kuchen. Dorfstraße 26, 16818 Braunsberg 033929-509 68 / 0151-142 34 915 info@braunsberger-hoefe.de • www.braunsberger-hoefe.de Freitag 14–18 Uhr

4 einLADEN Zempow

Hier werden regionale Milchprodukte, Fleisch, Obst, Gemüse, Backwaren, Honig aus eigener Imkerei, selbstgemachte Wildfruchtaufstriche, Apfelsaft vom Nachbarn und ein Sortiment gängiger Bio-Lebensmittel verkauft, ergänzt durch Kunsthandwerk und Schmuck ansässiger Künstlerinnen. Drinnen am Lehmofen und draußen im Grünen gibt es Kaffee und Kuchen, von Donnerstag bis Samstag zwischen 8 und 11 Uhr (nach Anmeldung am Vortag) auch ein regionales Bio-Frühstück. Zempower Dorfstr. 11, 16909 Zempow 033923-714 10 einladen-zempow@gmx.de • www.einladenzempow.wordpress.com Donnerstag & Freitag 8–12 & 15.30–18 Uhr, Samstag 8–12 Uhr

5 Fischzucht Zippelsförde

Durch die Becken der Fischzucht Zippelsförde fließt das klare Wasser des Rhin. Dadurch sind die Fische ständig in Bewegung und entwickeln dabei eine hervorragende Qualität. Im Angebot sind hier frische Forellen, Lachsforellen, Saiblinge, Störe und Karpfen sowie als Räucherfisch zusätzlich Aal, Heilbutt und Butterfisch. Auch Kaviar wird hier produziert und verkauft. Im Angelpark kann selbst geangelt werden. Rheinshagener Weg 10, 16827 Zippelsförde 033933-708 20 info@fischzucht-zippelsfoerde.de • www.fz-zippelsfoerde.de Täglich 7–16 Uhr

6 Gut Hesterberg

Ein neoklassizistischer Dreiseithof inmitten von Weiden und Wiesen, auf denen Rinder und Schafe grasen und Hühner frei umherlaufen – so stellte sich Familie Hesterberg bei der Errichtung dieses Guts im Jahr 2000 die perfekte Art und Weise vor, Landwirtschaft zu betreiben. Heute leben hier rund 600 Rinder in artgerechter Weidehaltung im Herdenverband, etwa 1.000 freilaufende Legehennen, 800 ebenfalls freilaufende Gänse sowie zahlreiche Schweine und Schafe. Der Betrieb, in dem 90 Mitarbeiter beschäftigt sind, hat den Anspruch naturbelassene Lebensmittel zu produzieren – von der Aufzucht ohne Hormone, Mastfördermittel und Antibiotika über die stressfreie Schlachtung und die handwerkliche Verarbeitung vor Ort bis hin zum Direktvertrieb auf dem Gut und in weiteren Verkaufsstellen.

Beim Publikum kommt das Konzept an: 2012 wurde Gut Hesterberg von ARD-Zuschauern zum »schönsten Bauernhof Deutschlands« gekürt, und insbesondere an den Wochenenden lockt die Kombination von Hofladen und Restaurant viele Besucher an. Zum Angebot des 2019 gründlich umgestalteten »Hofladen-Deli« gehören neben den in der gutseigenen Fleischerei produzierten Wurstwaren wie Rindersalami, Spanferkelsülze, Lyoner oder Mett- und Leberwurst auch das langsam gereifte Fleisch der hofeigenen Galloway- und Charolais-Salers-Rinder, verschiedene Sorten Wildfleisch, frische Freilandeier und weitere regionale Spezialitäten. Zum Jahresende können Weihnachtsgänse vorbestellt werden. Ausgewählte Produkte vom Gut Hesterberg werden in den gutseigenen Verkaufsstellen in Berlin-Pankow, -Adlershof und -Steglitz sowie in einigen Edeka-Märkten und im Globus-Baumarkt in Germendorf verkauft (Adressen auf der Webseite).

Wer auf Gut Hesterberg nicht nur einkaufen, sondern auch speisen möchte, sollte rechtzeitig einen Tisch reservieren. Zum Abschluss des Besuchs lohnt sich auf jeden Fall ein Spaziergang über das weitläufige Gelände, zum Beispiel auf dem ausgeschilderten Skulpturenpfad, der zur Alten Schäferei führt, dem Atelier des Künstlers Matthias Zágon Hohl-Stein, das verwunschen mitten in einem Waldstück liegt. Auch das kleine Dorf Lichtenberg bietet mit seiner pittoresken Feldsteinkirche und der Kunstgalerie Louversum einige Sehenswürdigkeiten. Weiter südlich befindet sich am Ruppiner See der Ort Karwe, den schon Fontane in seinen »Wanderungen durch die Mark Brandenburg« beschrieben hat. Vom einstigen Herrenhaus ist neben ein paar Gutsgebäuden noch der zum Fontanejahr 2019 liebevoll restaurierte Park erhalten, der sich entlang des Seeufers erstreckt und schöne Ausblicke bietet.

Gut Hesterberg, Gutsallee 1, 16818 Lichtenberg
03391-700 60 / 03391-70 06 16 • info@guthesterberg.de • www.guthesterberg.de
Dienstag bis Sonntag 11–18 Uhr

7 Gut Tornow

Bio

Gut Tornow liegt in der Nähe von Kyritz inmitten eines idyllischen kleinen Parks, den der Gartenkünstler Peter Joseph Lenné Ende des 19. Jahrhunderts gestaltet hat. Birgit Theiselmann von Dallwitz, eine Nachfahrin der einstigen Besitzer, hat das Gut 1994 zurückerworben und betreibt es seither mit ihrem Mann als Landwirtschaftsbetrieb und Bio-Ferienhof. Auf 150 Hektar Land leben hier Gallowayrinder, Schweine, Schafe, Ziegen, Hühner, Pferde, Esel und etliche Kleintiere wie Katzen, Kaninchen und Meerschweinchen.

Im rustikal eingerichteten Hofladen werden Produkte vom eigenen Hof sowie von anderen Biolandbetrieben verkauft, unter anderem Fleisch, Wurst, Käse, Geflügel, Eier, Kartoffeln, Gemüse, Obst, Pilze, Kräuter, Honig, Säfte und Backwaren. Im Sommer kann man sich hier das Gemüse direkt im Garten aussuchen. Unabhängig vom Einkauf bietet der Hofladen auch die Möglichkeit, Kaffee zu trinken und den selbst gebackenen Kuchen zu probieren. Im Anschluss kann man bei einem Spaziergang schauen, ob nicht eine der Ferienwohnungen auf dem weitläufigen Gelände für den nächsten Urlaub in Frage kommt. Aber Vorsicht, unterwegs können Ihnen freilaufende Wollschweine oder Schafe zwischen die Füße geraten!

Gut Tornow, Tornower Straße 24, 16866 Tornow
033971-326 16 · info@gut-tornow.de • www.gut-tornow.de · Täglich 10 –18 Uhr

8 Gärtnerei Sternhof

In dieser Demeter-Gärtnerei kultivieren 16 Menschen mit Behinderungen vor allem Kräuter, aber auch Gemüse und Beeren. Frischkräuter und Beeren werden über die Abokiste des benachbarten Lindenhofs vertrieben (www.landkorb.de), vor Ort gibt es getrocknete Kräuter, Gewürze, Kräutersalz und vielfältige Teemischungen zu kaufen. Jedes Jahr im Juni kann der Sternhof im Rahmen eines Hoffestes besichtigt werden.

Dorfstraße 19, 16845 Rohrlack · 033928-712 22 · sternhof@werkgemeinschaft-bb.de
www.werkgemeinschaft-bb.de/index.php/sternhof · Montag bis Freitag 9–13 & 13.30–16 Uhr

9 Hakenberger Fleisch GmbH

Die Fleischtheke des Hofladens in Hakenberg präsentiert alles, was die Eigenzüchtungen Hakenberger Havellandrind, Linumer Wiesenkalb und Ruppiner Weidelamm zu bieten haben. Das Fleisch stammt von Tieren, die auf Weiden rund um das Storchendorf Linum und im Ruppiner Land gehalten werden. Dank der Dry-Aged-Reifung ist es besonders zart und aromatisch. Der Einkauf lässt sich gut kombinieren mit einer Radtour auf dem Rhinluch-Radweg, der von Hennigsdorf nach Neuruppin führt.

Fehrbelliner Straße 3 a, 16833 Hakenberg · 033922-502 59 · mail@hafleg.de
www.hafleg.de · Donnerstag 10–18 Uhr, Freitag 12–18 Uhr, Samstag: 10–12 Uhr

Gemüseernte der Gärtnerei Sternhof

10 Homemade

Im kleinen Ort Karstedtshof bei Wittstock betreiben Jo Thießen und seine Mutter Eva Paulus ein ambitioniertes Hofladenprojekt. Unter dem Motto »homemade – Da weiß man, wo's herkommt« werden in geschmackvoll eingerichteten Verkaufsräumen und über einen Onlineshop Fleisch- und Wurstwaren von Lamm, Rind und Wild sowie ausgewählte Produkte regionaler Manufakturen angeboten. Im Mittelpunkt des Angebots stehen die von der Familie auf der eigenen Weide gehaltenen Pommerschen Landschafe, von deren Lebensbedingungen man sich bei einem Spaziergang durch die Umgebung ein eigenes Bild machen kann. Hinzugekauft werden Rindfleisch vom Hof der Familie Siekerkotte im benachbarten Dossow, Aufstriche, Liköre, Sirup und Senf aus der Manufaktur Drei Jahreszeiten, Kyritzer Fruchtsäfte und Honig vom Ökohof Fläming. Aus entfernteren Regionen stammen die angebotenen Sekte und Weine (Winningen an der Mosel) und das Kobe-Rind (Gerbstedt im Harz).

Neben diesen kulinarischen Köstlichkeiten gibt es im Hofladen auch ein kleines Sortiment an Accessoires für Tisch und Tafel sowie restaurierte Antiquitäten für Küche oder Esszimmer.

Homemade, Karstedtshofer Str. 21, 16909 Karstedtshof
0172-820 85 94 / 0177-159 53 32 info@homemade4us.de • www.homemade4us.de
Montag bis Sonntag 9–18 Uhr

⓫ Imkerei Rümenapf

Am südlichen Rand der Kyritz-Ruppiner Heide kann man bei dieser kleinen Privatimkerei nach telefonischer Anmeldung Heidehonig, Rapshonig, Robinienhonig und Kornblumenhonig kaufen. Danach empfiehlt sich ein Ausflug in die Heide, die als Naturlandschaft von der Heinz Sielmann-Stiftung mit Wanderwegen, Rastplätzen und Infotafeln touristisch erschlossen wurde. Vor allem zur Heideblüte im August und September ist das ein beeindruckendes Erlebnis. Siedlung 8, 16818 Rägelin
033924-702 76 honig@imkerei-ruemenapf.de • www.imkerei-ruemenapf.de
Nach Vereinbarung

⓬ Kossätenhof der Familie Behm

Nur im Juli und August ist dieser liebevoll eingerichtete Hofladen geöffnet, in dem es dann unter anderem Gemüse, Salat und Kräuter aus dem eigenen Garten, Kräuteröl und -essig, Marmeladen und Sirup aus eigener Herstellung sowie frisch gebackene Landbrote gibt. Außerdem werden Honig vom örtlichen Imker und regionale Bioprodukte wie Ziegenkäse, Fleisch, Wurst, Eier und Senf verkauft. Im Kaffeegarten oder im Büchercafé kann man sich hausgemachte Kuchen und Torten schmecken lassen.
Wittstocker Str. 20, 16837 Flecken Zechlin 033923-702 40 fewobehm@gmail.com
www.fewobehm.de/hofladen Juli und August: Dienstag bis Samstag 12–18 Uhr

⓭ Kräutergarten Lavendelblüte

In ihrem Kräutergarten produziert Inken Rendler verschiedene Küchenkräuter wie Thymian, Petersilie, Koriander oder Zitronengras, Wildkräuter wie Sauerampfer oder Bärlauch, essbare Blüten zum Beispiel von Fenchel oder Zucchini, Gartengemüse, aber auch Garten- und Trockenblumen, die sie donnerstags und samstags auf dem Neuruppiner Wochenmarkt und ansonsten in ihrem Hof- und Blumenladen in Rohrlack anbietet. Barsikower Weg 9, 16845 Rohrlack 033928-907 43 / 0151-507 06 434
irendler@web.de • www.kraeutergarten-lavendelbluete.de Montag, Mittwoch, Freitag, Samstag 15–18 Uhr

⓮ Kyritzer Fruchtsäfte

Familie Wietz betreibt in Kyritz die älteste Lohnmosterei im Ostprignitz-Ruppiner Land – einer Gegend, die von Streuobstwiesen und großer Sortenvielfalt geprägt ist. Aus regionalen Obstsorten wie Äpfeln, Birnen, Kirschen, Holunder, Sanddorn, Rhabarber, Quitten und verschiedenen Beeren werden hier über 43 verschiedene Fruchtsäfte (teilweise in Bio-Qualität), Nektare, Fruchtsaftgetränke und Obstweine produziert und verkauft. Nach dem Einkauf lohnt ein Stadtbummel in dem geschichtsträchtigen Ort.
Pritzwalker Str. 25, 16866 Kyritz 033971-541 47 mosterei@getraenke-wietz.de
www.kyritzer-fruchtsaefte.de Montag bis Freitag 8–18 Uhr, Samstag 8–12 Uhr

15 Linumer Landhof

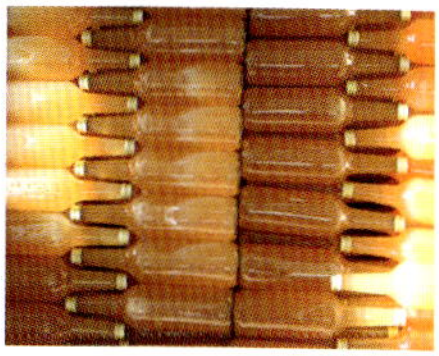

Der Linumer Landhof versteht sich als Mosterei und Apfelmanufaktur. In familiärer Atmosphäre werden hier nicht nur regionale Äpfel – darunter viele alte Sorten –, sondern auch andere Früchte und Gemüse zu geschmackvollen Produkten verarbeitet. Zu sortenreinen Apfelsäften aus Boskoop, Elstar, Ontario und Jonagold gesellen sich Mischungen mit Rhabarber, Birne, Rote Bete oder Sellerie.
Im Hofladen wird ein Sortiment an hausgemachten Marmeladen, Gelees, Essigen, Chutneys, Dörrobst, Gebäck, Dicksaft und Suppen angeboten, ergänzt um weitere Produkte aus der Region (wie zum Beispiel Linumer Honig) und um Tapas und Weine aus Süddeutschland, Portugal und Spanien.
Der Verkaufsraum ist modern gestaltet und bietet Durchblicke zur Mosterei und auf die Ladengalerie, zu der eine geschwungene Stahlwangentreppe hinaufführt. Hier finden regelmäßig Ausstellungen und Veranstaltungen statt.
Zum Angebot des Landhofs gehören unter anderem Baumschnittseminare, Apfelbestimmungen, Lesungen, Kochkurse und Apfelkuchenwettbewerbe. Bei kaltem Wetter verbreitet ein Kaminofen behagliche Stimmung im Hofladen, und die Betreiber nehmen sich in der Regel gern die Zeit für ein Gespräch über Obstsorten, Saftherstellung oder die Vorzüge ihrer Region. – Der Einkauf lässt sich gut mit einem Ausflug zur Herbstrast der Kraniche oder mit einem Besuch von Rixmanns Hof verbinden. Nauener Straße 50, 16833 Linum 033922-90 09 39 info@linumer-landhof.de • www.linumer-landhof.de Dienstag bis Sonntag 12–17 Uhr

16 marmelo manufaktur brandenburg

In Katrin Wagners Manufaktur entstehen in Handarbeit köstliche Fruchtaufstriche, Marmeladen, Karamellcremes und vegane Curds in fantasievollen Variationen. Die meisten Zutaten stammen aus ökologischem Anbau und aus der Region. Neben den eigenen Marmeladen werden hier auch Produkte aus anderen regionalen Manufakturen verkauft. Im Café gibt es Frühstück, Kaffee und Kuchen, belegte Baguettes und handgemachtes Eis aus Neubrandenburg. Mühlenstraße 12, 16831 Rheinsberg 0163-802 86 12 post@marmelo-manufaktur.de • www.marmelo-manufaktur.de Mai bis Oktober: Dienstag bis Samstag 10–17 Uhr, Februar bis April: Mittwoch bis Samstag: 10–17 Uhr

17 Mühlenhof – Dorf Zechlin

Anette und Bernd Krüger bauen auf ihrem Mühlenhof Spargel, Erdbeeren, Heidelbeeren, Himbeeren, Johannisbeeren und Stachelbeeren an, die sie zur Saison frisch verkaufen. Außerhalb der Saison gibt es im Hofladen tiefgekühlten Spargel sowie Konfitüren, Gelees, Säfte und Sirups. Auf einer kleinen Terrasse werden Kaffee, selbstgemachte Himbeerlimonade und kleine Snacks serviert. Zum Hof gehört auch ein kleines Mühlenmuseum. Am Kunkelberg 14, 16837 Dorf Zechlin 033923-702 67 krueger@muehlenhof-zechlin.de • www.muehlenhof-zechlin.de April bis Ende Juni: täglich 8–18 Uhr, Juli bis September: 10–18 Uhr

18 Ökohof Kuhhorst

Auf dem Ökohof Kuhhorst bauen Menschen mit und ohne Behinderung auf ca. 420 Hektar Ackerfläche und Grünland gemeinsam Obst, Gemüse, Kartoffeln und Getreide an. Auf dem Hof leben auch Rinder, Schweine, Enten, Gänse, Esel, Kaninchen, Ziegen und Schafe. Die gesamte Landwirtschaft ist biozertifiziert und arbeitet nach Demeter-Standard. Seit 2007 ist der Hof als Nutztierarche ausgewiesen, denn hier werden die vom Aussterben bedrohten Sattelschweine und das Deutsche Schwarzbunte Niederungsrind gezüchtet und gehalten.

Der Ökohof ist eigentlich ein ganzes Dorf. Neben den Ställen und Wirtschaftsgebäuden gehören dazu eine Werkstatt für Menschen mit Behinderung, zwei Wohnheime mit insgesamt 24 Plätzen für die Beschäftigten und der Dorfkrug, der unter der Woche als Kantine fungiert und abends und am Wochenende als Gaststätte allen Besuchern offensteht.

Im Hofladen gibt es ein großes Angebot an frischen Produkten aus eigener Herstellung, so zum Beispiel Obst, Gemüse und Kartoffeln (auch säckeweise), Fleisch- und Wurstwaren, Marmeladen, Suppen, Nudeln und Kleingebäck. Daneben werden auch Produkte anderer regionaler Erzeuger wie der Imkerei Blütenmeer, der Braumanufaktur Potsdam oder Sanddornprodukte von Christine Berger verkauft. Da in Kuhhorst nur nach Bedarf geschlachtet wird, empfiehlt es sich frisches Rind- und Schweinefleisch vorzubestellen. Bestellungen für Weihnachtsgänse und -enten werden ab September entgegengenommen.

Den Ausflug auf den Ökohof sollte man mit einem Besuch im kleinen Café des Hofladens verbinden, wo zum Bio-Kaffee selbst gebackener Kuchen oder kleine Imbisse serviert werden.

Die Umgebung kann man sehr unterhaltsam mit einer Partie »Bauerngolf« erkunden: Wahlweise ein 9-Loch- oder ein 18-Loch-Parcours führen die Spieler (2–6 Personen) durch das Dorf und vorbei an diversen Stallungen und Wirtschaftsgebäuden. Statt mit einem Golfball spielt man hier mit einem Softball, der mit einem umgedrehten Krückstock in verschiedene, in den Boden eingelassene Eimer geschlagen werden muss. Im bereits erwähnten Dorfkrug bekommt man von Ostern bis Oktober an Wochenenden und Feiertagen die Score-Karten, Bälle und Schläger ausgehändigt. Für den kleinen Parcours (ca. 600 Meter) braucht man etwa 2 Stunden, für den großen (ca. 1,9 Kilometer) 3–4 Stunden. Eine Anmeldung per Telefon oder E-Mail wird empfohlen (Tel.: 033922-602 58, dorfkrug@diekuhhorster.de).

Wer seinen Einkauf noch mit etwas Ziegenkäse abrunden möchte, findet fußläufig in etwa 1,5 Kilometer Entfernung die Ziegenkäserei Karolinenhof, die ebenfalls über ein schönes Café verfügt. Etwas weiter entfernt liegt das sehenswerte Storchendorf Linum, wo auf Rixmanns Hof weiteres Gemüse erworben werden kann.

Ökohof Kuhhorst, Dorfstraße 9, 16818 Kuhhorst
033922-608 03 / 033922-90 90 14 kontakt@diekuhhorster.de
www.diekuhhorster.de Donnerstag bis Sonntag 11–18 Uhr

19 Preußenhof

Seit 1994 züchten Marianne und Holger Wille auf ihrem Preußenhof in Heiligengrabe Gallowayrinder. Die robusten Tiere mit dem zotteligen Fell leben hier ganzjährig draußen auf der Weide, bevor sie nach 24 bis 30 Monaten geschlachtet werden. Die ursprünglich aus Schottland stammenden Galloways sind etwas kleiner als andere Rinder und fressen am liebsten Gras, Heu und Stroh, während sie Maissilage nicht vertragen. Aus diesem Grund sind sie keine klassischen Mastrinder, aber ihr fein marmoriertes Fleisch schmeckt sehr aromatisch, zart und saftig.

Die Willes bewirtschaften etwa 250 Hektar Land, davon sind 90 Hektar Weideflächen, auf 40 Hektar wächst Mais für eine Biogasanlage und auf 120 Hektar steht Getreide. Neben den gut 100 Galloways gibt es auch Schweine auf dem Hof, die mit selbst angebautem Getreide und Kartoffeln gefüttert werden. Im Hofladen gibt es tiefgefrorenes und (auf Bestellung) frisches Rind- und Schweinefleisch, aber auch Wurstspezialitäten in der Dose, Salami, Bratwurst, Eier, Kartoffeln sowie von anderen Höfen Fruchtaufstriche, Honig, Liköre, Tee und Gewürze.

Fußläufig vom Hof befindet sich das mittelalterliche Kloster Stift zum Heiligengrabe, dessen vollständig erhaltene Anlage besichtigt werden kann. Für kulinarisch Interessierte sind hier natürlich der Kräutergarten und der Klosterladen besonders interessant.

Am Dröbel 10, 16909 Heiligengrabe • 033962-502 27 • gallowayvompreussenhof@t-online.de • www.gallowayvompreussenhof.de • Täglich 8–18 Uhr

Kräutergarten im Kloster Heiligengrabe

20 Rixmanns Hof

Mitten im Storchendorf Linum liegt der Hof von Sabine Schwalm und Georg Rixmann, die seit 1996 auf etwa 15 Hektar Land Speisekürbisse, Topinambur, Kartoffeln und weitere Obst- und Gemüsesorten anbauen. Im Mittelpunkt stehen allerdings die Kürbisse, von denen hier inzwischen 150 verschiedene Sorten aus der ganzen Welt wachsen. Für alle, die etwas ratlos vor der unbekannte Farben- und Formenpracht stehen, gibt es an jeder Gemüsekiste passende Rezepte: etwa für Butternutkürbis mit Hackfleischsoße, für überbackenen Hidemikürbis, für Spaghettikürbis à la Carbonara oder für saftigen Kürbiskuchen.

Auch bei anderen Gemüsesorten spürt man die Lust am Besonderen: Violetter Rosenkohl und roter Spitzkohl liegen neben weißer, gelber und rot-weißer Bete, roten und violetten Möhren und neben exotisch aussehenden Gemüseartischocken, stacheligen Inkagurken oder den rübenartigen Yambohnen, die ursprünglich aus Mexiko stammen, inzwischen aber vor allem in Asien sehr beliebt sind. Kein Wunder, dass viele Spitzengastronomen aus Berlin und Brandenburg sich von Rixmanns Hof mit Gemüse beliefern lassen!

Im Foliengewächshaus gedeihen hier aber auch einheimische Gemüsearten wie Gurken, Paprika oder Tomaten. Von letzteren sind gleich 24 verschiedene Sorten im Angebot. Im Frühjahr und Sommer kann man zusätzlich Kräuter, Sommerblumen und Stauden für den Garten kaufen. Dann sind auch die Erdbeeren reif, von denen ein Teil in Sabine Schwalms Hofküche zu Marmelade wird, gern auch in fantasievollen Kombinationen wie Erdbeer-Schokolade. Im Hofladen finden sich noch weitere ihrer Kreationen, darunter Gelees, Sirups, Chutneys, Essig, Öle und Säfte, die alle in Handarbeit und nach eigenen Rezepten hergestellt werden. Das Angebot wird ergänzt durch Produkte von befreundeten Produzenten aus Brandenburg und anderen Regionen.

Im Oktober und November lässt sich der Besuch auf Rixmanns Hof gut mit einer Beobachtung der Herbstrast der Kraniche verbinden. Die Gegend um Linum zählt wegen der vielen feuchten Wiesen, auf denen die Zugvögel gern nächtigen, und wegen der Maisfelder, auf denen sie gutes Futter finden, zu den beliebten Rastplätzen auf dem Vogelzug nach Süden. An manchen Tagen werden hier im Rhinluch über 70.000 Kraniche gezählt. Es gibt einige ausgewiesene Kranichbeobachtungsstellen, aber am sinnvollsten ist es, eine der geführten Touren zu buchen, die vorzugsweise frühmorgens oder am späten Nachmittag stattfinden. Informationen zu Orten und Terminen findet man im Internet unter www.kraniche-linum.de. Dort gibt es auch Hinweise zu weiteren Einkaufs- und Einkehrmöglichkeiten im Storchendorf.

Rixmanns Hof, Nauener Straße 23a, 16833 Linum
033922-505 71 · rixmannshof@gmx.de · www.gemuese-und-obst.de
Ostern bis Mitte November: Samstag, Sonntag & feiertags 10–18 Uhr, Ende September bis Anfang November: zusätzlich Montag bis Freitag von 12–18 Uhr (aktuelle Öffnungszeiten auf der Webseite)

21 Spargelhof Baselitz

Weitab von den bekannten Spargelregionen baut Familie Pelzer hier in zweiter Generation schmackhaften weißen und grünen Spargel an. Im kleinen Hofladen, der während der Spargelsaison täglich geöffnet hat, gibt es auch Eier und Honig aus der Region sowie Käse, Schinken und Weine. Spargelbestellungen werden gern telefonisch angenommen.
Wilhelm-Pieck Str. 5, 16845 Dreetz 033970-851 77 spargelhof-baselitz@t-online.de • www.spargelhof-baselitz.de April bis Juni: Montag bis Samstag 8–18 Uhr, Sonntag und feiertags 8–16 Uhr

22 Sunna Alpakas

Auf ihrem Alpakahof betreiben Ingeborg und Edgar Papenbrock eine kleine Manufaktur für Bettwaren und Garne. Im Hofladen werden Bettdecken, Kopfkissen, Unterbetten, Babyschlafsäcke sowie Stofftiere und Strickwaren aus eigener Produktion verkauft. Montags bis freitags gibt es Hofführungen, bei denen man Einblick in die Haltung, Fütterung und Pflege der Alpakas erhält; eine Anmeldung dafür ist erforderlich.
Mühlenweg 27, 16818 Walsleben 0170-244 37 02 papenbrock@sunna-alpakas.de www.sunna-alpakas.de April bis September: nach Vereinbarung, Oktober bis März: Freitag 14–18 Uhr, Samstag 10–14 Uhr oder nach Vereinbarung

23 Teetraum Neuruppin

Seit 1883 produzierte die Likörfabrik Degener Spezialitäten wie den »Ruppiner Klosterlikör« aus Wermut und Veilchenwurzel, den Feinbitter »Boltenmühler Hexenfeuer«, die »Ruppiner Tafelrunde« oder den »Zieten aus dem Busch«. Die Familienrezepte sind inzwischen auf Sven Stirnemann übergegangen, der die Spirituosen mit den altertümlichen Namen in seinem Teetraum-Laden verkauft – neben 280 Sorten Tee, frisch gemahlenem Kaffee, Kuchen, Sanddornspezialitäten, Ölen, Gewürzen und Pasteten.
Fischbänkenstraße 13, 16816 Neuruppin 03391-35 77 33 info@teetraum-shop.de www.teetraum-neuruppin.de Montag bis Freitag 9–19 Uhr, Samstag & Sonntag 10–18 Uhr

24 Treskower Hofladen

In dritter Generation betreibt Helmut Zielke in Neuruppin auf fünf Hektar eine Nebenerwerbs-Landwirtschaft mit Hühnern, Rindern, Schweinen, Enten und Gänsen. Im Hofladen, um den sich seine Schwester Eleonore Pangsy kümmert, gibt es selbst produziertes Fleisch, Eier, Obst und Gemüse, aber auch Honig aus Molchow, Saft aus Kyritz sowie Milchprodukte aus der Molkerei Vinzenz Lorenz in Lebusa. Ab 11 Uhr werden auch Hausmannskost und selbstgebackener Kuchen serviert. Nauener Straße 12, 16816 Neuruppin-Treskow 03391-50 43 15 Dienstag bis Samstag 9–18 Uhr, Sonntag und feiertags nach Vereinbarung

25 Ziegenkäserei & Wiesencafé Karolinenhof

Bio

Inmitten der ausgedehnten Felder und Wiesen des fruchtbaren Linumer Luchs schmiegt sich die Ziegenkäserei Karolinenhof in ein kleines Wäldchen. Seit 1992 halten Gela Angermann und ihr Mann hier Ziegen, ein Jahr später begannen sie mit der Käseproduktion.

Heute kümmert sich die Chefin nicht nur um die etwa 130 Ziegen, die in den Ställen und auf den Weiden umherspringen, die Käserei und den Hofladen, sondern auch um das im Jahr 2000 zusätzlich eröffnete Wiesencafé, das an schönen Wochenenden Hunderte von Besuchern anzieht. Die Ziegen – eine Mischung verschiedener Rassen wie Bunte und Weiße Deutsche Edelziege, Toggenburger oder Thüringer Waldziege – leben hier in einem geräumigen Laufstall auf Stroh und haben ganzjährig Auslauf. Das Heu und das Getreide, mit dem die Tiere gefüttert werden, wird auf dem biozertifizierten Karolinenhof selbst produziert.

Die frische Ziegenmilch wird im Hofladen verkauft, in der Küche des Wiesencafés verwendet oder in der Ziegenkäserei zu verschiedenen Spezialitäten verarbeitet. Der Hofladen bietet fast 20 Käsesorten an – vom Frischkäse über Camembert bis zum lang gereiften Schnittkäse –, daneben auch Joghurt, Ricotta und Fruchtlassis sowie Ziegenfleisch, Brot, Backwaren und Wurst. Auch Produkte anderer regionaler Bio-Betriebe gehören dabei zum Sortiment, zum Beispiel vom nahe gelegenen Ökohof Kuhhorst.

Die Ziegensaison dauert in der Regel von Mitte Februar, wenn die Zicklein geboren werden und die Milchproduktion startet, bis Mitte November, wenn die Ziegen keine Milch mehr geben. Bis Mitte März dürfen Besucher an den Wochenenden jeweils um 12 und um 16 Uhr beim Zickleinfüttern mit in den Stall. Im April und Mai ist immer samstags um 18 Uhr Schaumelken. Das ist natürlich vor allem für Kinder ein großer Spaß, die auf dem Karolinenhof auch sonst auf ihre Kosten kommen. Fast immer gibt es irgendwo Ziegen zu sehen oder zu streicheln, und der Kinderspielplatz neben dem Wiesencafé bietet unter anderem ein Trampolin, eine Schaukel und eine Strohburg zum Toben und Springen. Auch die beiden Pferde, der Esel, die Hühner, Enten, Katzen und Hunde, die mit auf dem Hof leben, gehören zu den Attraktionen.

Das Wiesencafé verfügt über 80 Sitzplätze im Freien und, für die kalte Jahreszeit, weitere 45 Plätze im kaminbeheizten Wintergarten. Hier werden neben Kuchen, Torten und Kaffee (mit Ziegenmilch!) diverse herzhafte Gerichte und (an den Wochenenden von 9–12 Uhr) auch Frühstück serviert. Auf der Getränkekarte findet sich eine gute Auswahl an Bier, Wein und Cidre.

Ziegenkäserei & Wiesencafé Karolinenhof, Karolinenhof 1, 16766 Flatow
033922-601 90 · info@guter-ziegenkaese.de • www.guter-ziegenkaese.de
Mitte Februar–Mitte November: Freitag 11–19 Uhr, Samstag, Sonntag und feiertags 9–19 Uhr

Havelland

Alte Brennerei in Ribbeck

❶ Fischerei Schröder am Gülper See

Seit vier Generationen betreibt Familie Schröder im äußersten Westen des Havellands das Fischerei-Handwerk. Befischt wird vor allem der nur 1,5 Meter tiefe Gülper See, der den Kern eines der ältesten Naturschutzgebiete Deutschlands bildet. Die Umgebung ist ein Paradies für zahlreiche Watvogelarten und dient regelmäßig als Rastplatz für Zehntausende Wildgänse, Kraniche und Möwen.

Die Fischerei Schröder liegt idyllisch am Ufer des Rhins, der den Gülper See mit der Havel verbindet. Von hier aus starten die Fischerboote, um Zander, Hechte und Brassen, aber auch Aale, Karpfen, Welse, Barsche und andere Fische aus dem See zu ziehen. Im Verkaufsraum gibt es den Fang dann frisch, geräuchert oder als Salat. Auch Fischbuletten und Hechtklößchen sind im Angebot.

Von Mai bis September besteht die Gelegenheit, Wolfgang Schröder auf den Gülper See zu begleiten und beim »Erlebnisfischen« selbst mit anzupacken. Wathosen und Regenkleidung sind im Preis (65 Euro für Erwachsene, 30 Euro für Kinder) inklusive. Wer den See auf eigene Faust erkunden möchte, kann sich auch ein Kanu, ein Ruderboot oder einen Angelkahn mieten.

Fischerei Schröder, Gahlberg 2, 14715 Strodehne
033875-307 37 / 0160-681 83 88 fischerei.schroeder@yahoo.de
www.fischerei-schroeder.eu Mittwoch bis Donnerstag 10 –16 Uhr, Freitag 10 –18 Uhr, Samstag 10 –16 Uhr, von Mai bis Oktober auch Sonntag 10 –13 Uhr

2 Alte Brennerei in Ribbeck

Dank Fontane ist der kleine Ort Ribbeck im Havelland ein beliebter Ausflugsort für Birnen- und Literaturfreunde. Die Familie von Ribbeck betreibt hier heute eine Essigmanufaktur und verkauft neben Birnenessig auch leckere Obstliköre und -brände, die allerdings nicht vor Ort gebrannt werden. Lohnend ist eine Besichtigung des Schlosses, dessen Restaurant gehobene regionale Küche anbietet. Im Schlossshop und im Café Alte Schule gibt es ebenfalls Birnenprodukte zum Mitnehmen. Am Birnbaum 11, 14641 Ribbeck 033237-889 01 / 0178-611 04 42 mail@vonribbeck.de • www.vonribbeck.de an Wochenenden und Feiertagen ca. 13–16.30 Uhr und nach Vereinbarung

3 Havelländische Hofkäserei

Sepp Steinbrecher und Birgit Zeidler stellen in traditioneller Handarbeit Käse, Joghurt, Quark und Frischkäse her. Die Milch für den aromatischen Rohmilchkäse stammt vom Biohof Garlitz, in dessen ehemaliger Milchküche sich die Käserei befindet. Der Verkauf findet nur donnerstags vor Ort statt. Freitags wird auf dem Katharinenplatz in Brandenburg an der Havel verkauft, samstags auf dem Weberplatz in Potsdam-Babelsberg. Neues Ende 14a, 14715 Garlitz 033878-906 79 havelkaese@t-online.de www.havelkäse.de Donnerstag 17–18.30 Uhr

Perfekter Grundstoff für guten Birnengeist

4 Hofladen Falkensee

Im Hofladen Falkensee vermarktet die Landwirtsfamilie Kruse die Produkte ihres Hofes. Weil die eigenen Erdbeeren, Himbeeren, Heidelbeeren, Grüner Spargel, Kürbisse und Freilandeier den großen Laden mit seinen 180 Quadratmetern Verkaufsfläche allein nicht füllen können, gibt es zusätzlich, neben hausgemachten Konfitüren und Gelees sowie ofenfrischem Brot (immer freitags, samstags und sonntags), auch weiteres Obst und Gemüse, Fleisch, Wurst, Käse, Milchprodukte, Müslis und Nudeln von anderen Produzenten. Der Begriff des Regionalen ist hier weit gefasst: Neben Fruchtsäften aus Kyritz, Schnäpsen aus dem Havelland und Wurst aus dem Ruppiner Land findet man auch Weine aus Baden-Württemberg und Geflügelfleisch aus Schleswig-Holstein oder Nordrhein-Westfalen. Auch die Kartoffeln stammen aus Norddeutschland. Die Herkunft aller Produkte ist gekennzeichnet und nachvollziehbar.

Rund um den Hofladen kann man die Hühner im Stall oder auf den großen Auslaufflächen beobachten, für Kinder gibt es einen kleinen Spielpatz und ein Gehege mit zwei Eseln. Im Mai werden Erdbeeren und im Juli und August Heidelbeeren auch zum selbst pflücken angeboten.

Hofladen Falkensee, Dallgower Str. 1, 14624 Döberitz
03322-224 62 • bauer.kruse@t-online.de • www.hofladen-falkensee.de
Täglich 8.30 –18.30 Uhr

5 Hofladen zum Storchennest Damme

In Damme, am Rand des Havelländischen Luchs und etwa 20 Kilometer östlich von Rathenow, betreibt Familie Richter seit 1991 ihren Familienbauernhof mit Ackerbau und Viehzucht. Der Hof liegt in einem Naturschutzgebiet für Großtrappen und umfasst etwa 340 Hektar Äcker, Wiesen und Wald. Mit der Abwärme der eigenen Biogasanlage wird unter anderem der Hofladen beheizt, in dem seit 1999 selbst produziertes Fleisch, Wurstwaren und Eier verkauft werden.
Der Erfolg war schon bald so groß, dass die Richters ihre Produkte inzwischen ausschließlich an Endkunden verkaufen – im eigenen Laden und auf Wochenmärkten in Premnitz, Rathenow und Nauen. Die Rinder und Schweine werden auf dem Hof artgerecht auf Stroh gehalten, die Hühner, Enten, Gänse und Puten leben in Freilandhaltung. Auf Wachstumshormone und Antibiotika wird hier konsequent verzichtet. Zum Angebot des Hofladens gehören auch Säfte, Honig und Käse aus regionaler Herstellung, Bestseller sind aber Fleisch und Wurst. Beliebte Stücke, wie etwa Rouladen, sollten vorbestellt werden. Die Schlachttermine, zu denen frisches Fleisch in den Verkauf kommt, werden im Internet veröffentlicht. Das Kaminzimmer des Hofs kann für Veranstaltungen mit bis zu 25 Personen gemietet werden, auf Wunsch mit Catering aus dem Hofladen. Auch ein Streichelzoo und ein Spielplatz sind vorhanden. Dorfstraße 20, 14715 Damme 033878-904 22 diedammler@t-online.de • www.hofladen-damme.de Mittwoch und Donnerstag 8–13 Uhr, Freitag 8–18 Uhr, Samstag 8–12 Uhr

Freilandhühner auf Hof Falkensee

Oberhavel

Gänseglück auf Gut Boltenhof

❶ Apfelhof Wähnert

Auf Susann Wähnerts Biohof gibt es zur jeweiligen Saison etwa 40 verschiedene Apfelsorten, Birnen, Pflaumen, Pfirsiche und Quitten zu kaufen. Dazu kommen aus eigener Produktion verschiedene Säfte, Marmeladen, Gelees, Chutneys, Honig, Apfelwein, Apfel- und Pfirsichbrand, Kräuter, Tomaten, Gurken, verschiedenes Gemüse, Salate, Kürbisse, Eier, Suppen- und Masthühner, Enten, Gänse und Lammfleisch sowie ein ergänzendes Bioladen-Sortiment. Wer länger bleiben will, kann hier auch Ferienwohnungen mieten. Gartenweg 1, 16775 Hoppenrade 033084-50 71 95 apfelhof-waehnert@t-online.de • www.apfelhof-waehnert.de Freitag 10–18 Uhr, Samstag 10–16 Uhr

❷ Bergsdorfer Wiesenrind

Im Hofladen der Agrar GmbH Bergsdorf, die vom Agrarwissenschaftler Christoph Lehmann geleitet wird, gibt es hochwertiges Fleisch und Wurstprodukte vom Uckermärker-Rind. Die 450 Rinder wachsen im Herdenverband auf und leben ganzjährig auf den Bergsdorfer Wiesen und auf der Winterkoppel. Die Schlachtung erfolgt ohne lange Transportwege auf dem Hof. Das zarte Fleisch der weiblichen Jungrinder reift zwei bis drei Wochen, bevor es zerlegt und verpackt wird. Liebenberger Weg 12c, 16792 Bergsdorf 033088-502 47 / 0160-931 89 736 info@wiesenrind.de • www.wiesenrind.de Montag bis Freitag 9–12 & 13–16 Uhr, zusätzlich nach Absprache

Erntezeit auf dem Apfelhof Wähnert

3 Biohof Kepos

Im kleinen Dörfchen Altglobsow, in Sichtweite zum Globsowsee, liegt der Biohof Kepos, auf dem nach Naturland-Richtlinien Gemüse angebaut wird. Namensgeber für den elf Hektar großen Hof ist der Garten Kepos, den der griechische Philosoph Epikur im Jahre 306 v. Chr. als Ort zum Lernen und Leben eröffnete und der für alle Menschen zugänglich sein sollte. In diesem Sinne möchte Frank Rumpe, den es aus der Schweiz hierher ins Ruppiner Land verschlug, auch seinen Biohof Kepos für alle Menschen offenhalten – ob sie als Feriengast hier ausruhen, mit anpacken oder sich einfach nur an der Natur erfreuen und Gemüse kaufen wollen.

Natur gibt es hier in der Tat genug. Rund um die Gemüsebeete wachsen unzählige Blumen und prächtige Obst- und Nussbäume; über 20 verschiedene Vogelarten wissen das zu schätzen und tummeln sich auf dem Hof. Gemüse und Obst werden an umliegende Restaurants, an ein Seniorenheim und eine Jugendherberge verkauft, über eine Biokiste vermarktet und zum Kauf oder zur Selbsternte direkt auf dem Hof angeboten. Ab 2020 besteht im Rahmen einer »Solidarischen Landwirtschaft« auch die Möglichkeit, die Arbeit des Hofs mit einem regelmäßigen Beitrag zu unterstützen – im Gegenzug gibt es dann frisches Gemüse, das an Verteilstationen abgeholt werden kann.

Das Selbsternten in der beschaulichen Umgebung hat natürlich auch seine Vorzüge: Was den Kunden ein Bauernhoferlebnis verschafft, spart andererseits dem Biohof-Team Arbeit. Es entsteht auch kein Qualitätsverlust durch die Lagerung nach der Ernte. Kleine Mengen Blattgemüse und Salate werden trotzdem vorgeerntet und liegen an einem kleinen Verkaufsstand vor den Gewächshäusern. Ansonsten weisen Hinweisschilder zu den verschiedenen Gemüsebeeten, auf denen geerntet werden kann. Man darf sich auf dem Hof frei bewegen, legt am Ende das Gemüse selbst auf die Waage und bezahlt in die Kasse des Vertrauens. Epikur hätte das sicher gefallen.

Der Biohof Kepos verfügt über ein (fast) energieautarkes hölzernes Gästehaus, in dem zwei Ferienzimmer und eine geräumige Ferienwohnung untergebracht sind, alles im skandinavischen Stil modern und gemütlich eingerichtet. Aber auch, wer hier nicht gleich übernachten möchte, hat eine Vielzahl von Möglichkeiten, den Einkauf mit weiteren Naturerlebnissen zu verbinden. In Altglobsow beginnt ein Netz von Wander- und Fahrradwegen, am Globsowsee gibt es einige schöne Badestellen und im nur wenige Kilometer entfernten Neuglobsow werden Ruderboote für Touren über den Stechlinsee vermietet, von dem schon Fontane schwärmte. Auch ein Abstecher nach Menz ist lohnenswert; vom dortigen NaturParkHaus führt ein Moorerlebnispfad durch die Wälder rund um den Roofensee.

Biohof Kepos, Seestr. 1b, 16775 Altglobsow
0151-644 29 995 / 033082-40 73 48 mail@biohofkepos.de • www.biohofkepos.de
Gemüseverkauf frisch ab Feld und Verkaufsstand mit Kasse des Vertrauens: täglich von Sonnenaufgang bis Sonnenuntergang

4 Capriolenhof

Bio

Auf dem Landweg ziemlich abgelegen, dafür auf dem Wasser gut zu erreichen, liegt direkt an der Havelschleuse Regow der Capriolenhof, auf dem Sabine Denell und Hans-Peter Dill seit 1993 ihre Ziegenkäserei betreiben. Inzwischen leben hier 180 Mutterziegen, vornehmlich langhaarige Toggenburger, aus deren Rohmilch hochwertige Frischkäsespezialitäten entstehen, die auch bei Spitzengastronomen in der Region sehr beliebt sind. Neben Fleisch vom Milch- oder Weidezicklein gibt es im Hofladen Frischkäse natur, als gewürzte Kugeln mit klangvollen Namen wie Elfenbrüstchen, Aschenputtels Hügelchen, Havelspatzen und Woodstock oder handgeschöpft in schnittfester Form. Im Sommer (und in der Nebensaison auf Anfrage) werden in der Einkehr zudem Frühstück, verschiedene Käsegerichte, Kuchen, Eis und Kaffee serviert. Besonders attraktiv ist dieses Angebot, wenn man mit dem eigenen Zelt auf dem Biwakplatz des Hofes nächtigt. Käse vom Capriolenhof ist auch freitags und samstags in der Bochumer Straße 11 in Berlin-Moabit erhältlich, samstags auf dem Wochenmarkt der Domäne Dahlem sowie bei Blomeyers Käse in der Pestalozzistraße 54 a in Berlin-Charlottenburg.

Capriolenhof, Schleusenhof Regow 1, 16798 Bredereiche
033087-511 83 info@capriolenhof.de • www.capriolenhof.de September bis November: Samstag und Sonntag 12–16 Uhr, Ostern bis Mittsommer: Samstag und Sonntag 11–17 Uhr, Mittsommer bis Anfang September: täglich 11–19 Uhr

5 Fischerei Stechlinsee

Direkt am Ufer des Stechlinsees betreibt Familie Böttcher in der 6. Generation Fischerei. Inzwischen ist zum Direktverkauf von frischem und geräuchertem Fisch ein kleiner Imbiss hinzugekommen, in dem auch warme Gerichte serviert werden. Aus dem Naturpark Stechlin stammen hier unter anderem Aal, Flussbarsch, Hecht, Kleine Maräne, Plötze und Schlei, weitere Arten werden aus anderen Regionen hinzugekauft. – Ein Spaziergang am Ufer des größten Klarwassersees in Norddeutschland lohnt auf jeden Fall. Fischerweg 3, 16775 Stechlin 033082-704 22 fischerei-stechlinsee@freenet.de www.fischerei-stechlinsee.de Dienstag bis Sonntag und feiertags 10–20 Uhr

6 Gut Boltenhof

Auf Gut Boltenhof betreibt Familie Riest neben der Landwirtschaft ein idyllisches Landhotel und zehn Ferienwohnungen. Im kleinen Hofladen, direkt im Eingangsbereich des alten Herrenhauses, findet man frische Eier von den freilaufenden Hofhühnern, Fleisch von Bio-Rindern und Weidegänsen sowie selbstgekochte Marmeladen, Suppen, Soßen und eine Vielzahl an Lebensmitteln aus der Region wie Honig, Öl, Kekse, Nudeln, Apfel- und Naturweine, Säfte und Bier. Im Café & Restaurant GUTess kann man von Mittwoch bis Sonntag regionales Essen genießen. Lindenallee 14, 16798 Boltenhof 033087-525 20 info@gutboltenhof.de • www.gutboltenhof.de Täglich 12–20.30 Uhr

7 Himmelpforter Chocolaterie

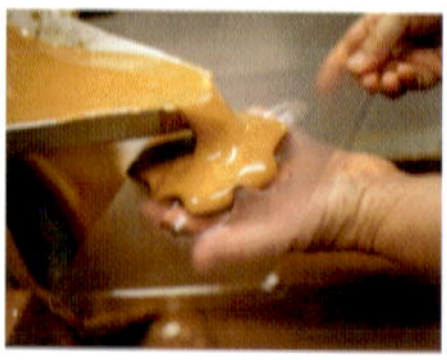

Mitten im Weihnachtsdorf Himmelpfort findet sich die Chocolaterie von Sylke Wienold, in der vielfältige Schokoladen- und Pralinenkreationen entstehen. Die Kunden können die Produktion durch Glasfenster beobachten oder bei Schokoladen-Workshops und Pralinenkursen selbst daran teilnehmen. Im Café Hasenheide nebenan kann man sich für einen Spaziergang zur Klosterruine oder zu einer der Badestellen an den umliegenden Seen stärken. Zur Hasenheide 21, 16798 Himmelpfort 033089-40 99 80 info@himmelpforter-chocolaterie.de • www.himmelpforter-chocolaterie.de Mittwoch bis Samstag 10–18 Uhr, Sonntag 14–18 Uhr

8 Hofladen Gräben

Im Hofladen der Familie Gräben gibt es von Oktober bis April an jedem 3. Wochenende Fleisch vom Angusrind und vom Hausschwein. Ganzjährig werden verschiedene Wurstsorten, selbstgemachte Fruchtaufstriche sowie Kränze und Türschmuck aus Naturmaterial angeboten. Wem die Bauernhofidylle gefällt, der kann sich auf dem »Alten Kornboden« des Vierseithofs in der rustikal eingerichteten Ferienwohnung für bis zu sechs Personen einmieten. Kreuzbrucher Straße 12, 16559 Kreuzbruch 033054-62 319 graeben-kreuzbruch@t-online.de • www.hofladen-graeben.de Freitag und Samstag: 10–16 Uhr und nach Vereinbarung

9 Imkerei Laux

Mitten im Naturpark Stechlin-Ruppiner Land produzieren die Bienen von Imker Rainer Laux verschiedene Honigsorten wie Rapshonig, Lindenhonig, Heidehonig und Waldhonig. Im kleinen Hofladen werden zusätzlich Met, Honiglikör, Bienenkosmetik, Propolissalbe und -tropfen, Honigseife, Honigbonbons, Gummibärchen und Bienenwachskerzen aus eigener Herstellung verkauft. – Rund um den Dollgower See führt ein ausgeschilderter Wanderweg; im nahen Menz lohnt das Naturparkhaus einen Besuch. Dorfstraße 51, 16775 Dollgow 033082-504 84 / 0162-195 91 88 kontakt@imkerei-stechlin.de • www. imkerei-stechlin.de Nach Absprache

10 Ölmühle im Bogenluch

In seiner Ölmühle stellt Jean Lubenow frische, ungefilterte Speiseöle in Rohkostqualität her. Verkauft werden hier Aprikosenkern-, Borretsch-, Erdnuss-, Hanf-, Haselnuss-, Jojoba-, Kokosnuss-, Kürbiskern-, Lein-, Mandel-, Mohn-, Nachtkerzen-, Pistazien-, Schwarzkümmel-, Sesam-, Sonnenblumen-, Traubenkern- und Walnussöl. An ausgewählten Sonntagen gibt es »Stunden der offenen Tür« mit Verkostung. Friedensallee 20, 16556 Borgsdorf 03303-21 70 10 jean.lubenow@freenet.de www.oelmuehleimbogenluch.de Montag, Dienstag, Freitag tagsüber und auf Anfrage

11 Richard's Wild

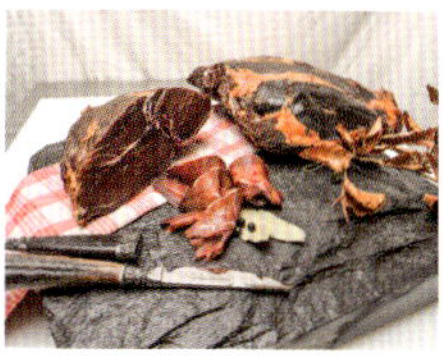

Der ehemalige Küchenchef und passionierte Jäger Guido Richard beliefert Hotels und Restaurants und verkauft vor Ort seine Wildspezialitäten wie Salami, Schinken, Leberwurst, Rehrücken, marinierte Steaks sowie Wildkräuter aus der Umgebung, Marmeladen aus wilden Beeren und Chutneys aus heimischem Gemüse. Zukünftig sollen auch Obst, Gemüse, Eier, Honig und Säfte das Angebot erweitern. Mittwoch bis Sonntag werden hier warme Wildgerichte serviert. Fürstenberger Straße 2, 16775 Dannenwalde 033085-508 71 info@richards-wild.de • www.richards-wild.de Mai bis September: Montag bis Sonntag 9–17 Uhr, Oktober bis April: Mittwoch bis Sonntag 9–17 Uhr

12 Schwantener Bauernhof

Seit 2011 betreibt die LSV Landwirtschafts GmbH in Oberkrämer eine Milchtankstelle, an der man sich fast rund um die Uhr frische Rohmilch zapfen kann. Inzwischen werden dort auch 6 verschiedene Sorten Eis verkauft, die aus der hofeigenen Milch mit regionalen Früchten und naturbelassenen Zutaten hergestellt werden. – In Schwante lohnt unbedingt ein Besuch des 90.000 Quadratmeter großen Schaugartens von Michael Beuthe (www.schaugarten-schwante.de). Milchviehhof, Dorfstraße 1a, 16727 Oberkrämer 0174-199 46 26 t.r-lsv@gmx.de • www.schwantener-bauernhofeis.de Täglich 4–20 Uhr

Blick auf die Grumsiner Brennerei

Der Nordosten

Uckermark
Barnim
Märkisch-Oderland

Mecklenburg-Vorpommern
Tollensese
Plauer See
Müritz
Wittstock
Pritzwalk
Fürstenberg
Rheinsberg
Dosse
Zehdenic
Neuruppin
Rhinkanal
Oranienburg
Hennigsdorf
Rathenow
Nauen
Falkensee
Uckermark
Barnim
Märkisch Oderland
Brandenburg an der Havel
Potsdam
Teltow

Prenzlau
Templin
Oder
Schwedt
Angermünde
Werbellinsee
POLEN
Schorfheide
Eberswalde
Bad Freienwalde
Bernau bei Berlin
Strausberg
erlin
Seelow
Spree
Erkner
Oder

Uckermark

Hühner auf Gut Gollin

1 Alrich Historische Liköre

Stephan Beckers Leidenschaft ist die Geschichte des Kräuterlikörs. Sein Urgroßvater hatte 1903 in Brüssow eine Likörmanufaktur gegründet, und diese Tradition setzt der Urenkel jetzt fort. In seiner Manufaktur entstehen Kräuterliköre, die sich durch unerwartete Geschmacks-, Süße- und Bittervariationen auszeichnen. Führungen durch den Produktionsaal, das Kräuterlikörmuseum und die im Stil des 19. Jahrhunderts eingerichtete Verkostungsstube sind nach Voranmeldung möglich. Karl-Marx-Str. 16, 17326 Brüssow 039742-86 66 42 becker-stephan@freenet.de • www.alrich.eu Mittwoch 10–12 Uhr, klingeln möglich von Montag bis Freitag 8–15 Uhr

2 Bauernhof Weggun

Marjolein und Frank van der Hulst betreiben seit 2009 einen Demeterhof, auf dem sie über 500 Hühner und eine kleine Schafherde halten. Ansonsten liegt der Schwerpunkt auf dem Anbau von Beerenobst: Im Sommer bekommt man hier frische Erdbeeren, Himbeeren, Brombeeren, schwarze, weiße und rote Johannisbeeren, rote und grüne Stachelbeeren und Rhabarber, ganzjährig gibt es selbst hergestellte Fruchtaufstriche, Gelees, Sirups, Honig, Lammfleisch und Eier. Fürstenauer Str. 29, 17291 Weggun 039855-36 89 38 info@weggun.de • www.weggun.de Samstag 10–14 Uhr, in den Sommerferien: Montag bis Samstag 10–14 Uhr

Hochprozentiges aus Brüssow

3 Bauernkäserei Wolters

Pieter Wolters kam Anfang der 1990er Jahre aus Holland in die Uckermark, um in großem Stil Käse zu produzieren. Dabei war sein Ansatz, vom Grashalm auf der Weide über die Milch bis hin zum fertigen Käselaib alles selbst herzustellen. Tatsächlich wird das Futter für die Kühe hier fast ausschließlich selbst erzeugt, die Tiere können sich frei bewegen oder sich im Stroh der Liegeboxen ausruhen.

Hergestellt wird in der Bauernkäserei holländisch inspirierter Käse mit urigen Namen wie UckerKaas, UckerGold, UckerFrisch und RaspelKaas. In der Schaukäserei können Besucher nach Voranmeldung bei der Herstellung zusehen.

Im Hofladen, der von außen kleiner wirkt als von innen, wird neben Käse auch die nicht homogenisierte UckerMilch verkauft. Daneben bietet der Initiator des Q-Regio-Labels hier weitere Spezialitäten anderer regionaler Hersteller an – etwa Wurst, Säfte, Marmeladen und Spirituosen. Da die Bauernkäserei direkt am Radweg Berlin-Usedom liegt, wird sie von Radlern gern als Raststätte genutzt. Nicht nur bei denen ist im Sommer das hausgemachte UckerEis, das es in verschiedenen Geschmacksrichtungen gibt, sehr beliebt.

Bauernkäserei Wolters, Bandelow 50, 17337 Bandelow
039740-29 98 03 • info@q-regio.de • www.uckerkaas.de • Oktober bis April: Montag bis Freitag 9–16 Uhr, Donnerstag 9–18 Uhr, Mai bis September: Montag bis Freitag 9–18 Uhr, Samstag und Sonntag 10–17 Uhr

4 Bioland-Rosenschule Uckermark

Ganz im Nordosten Brandenburgs betreibt Andrea Genschorek eine der beiden einzigen biozertifizierten Rosenschulen Deutschlands. Im Mittelpunkt stehen hier Rosenstöcke für den Garten, aber es gibt auch Produkte für Haut und Gaumen, zum Beispiel Rosentees, -öle und -sirups. Von März bis Oktober hat an den Wochenenden das Rosen-Café geöffnet, zudem werden Ferienwohnungen vermietet. Lindenstraße 4, 16307 Radekow 0151-57 56 11 41 kontakt@rosenschule-uckermark.de • www.rosenschule-uckermark.de März bis November: Freitag 9–13 Uhr und 15.30–18 Uhr, Samstag 10–14 Uhr und nach Vereinbarung

5 BonUM GustUM Regionalladen

Über 700 Produkte von regionalen Erzeugern sind im Regionalladen von Frank Pohl erhältlich, darunter Obst und Gemüse, Fleisch, Wurst, Milchprodukte, Kuh-, Schaf- und Ziegenkäse, Honig, Marmeladen, Eier und frische Backwaren. Lohnenswert ist ein Abstecher zum benachbarten Eselhof von celine aktiv reisen; hier werden Rad-, Wander- und Eselstouren angeboten. Auf eigene Faust kann man auch dem nahe gelegenen Oberuckersee einen Besuch abstatten. Suckower Straße 31, 17268 Flieth 0172-516 23 67 info@regionalladenflieth.de • www.regionalladenflieth.de Freitag bis Sonntag 9–18 Uhr

6 Erdbeerhof Stegemannshof

Der Hof von Familie Bernhard liegt nordwestlich von Prenzlau mitten zwischen weitläufigen Erdbeerplantagen. Zur Saison kann man hier verschiedene Sorten Erdbeeren kaufen oder selbst pflücken. Ebenfalls angeboten werden Erdbeermarmelade, Erdbeerwein, Honig von eigenen Bienen und Eis. Auch außerhalb des Hofs wird verkauft, so etwa auf den Wochenmärkten in Schwedt und Prenzlau. Stegemannshof 4, 17291 Stegemannshof 03984-80 42 63 landwirt-c.bernhard@t-online.de www.stegemannshof.de In der Saison täglich 8–18 Uhr

7 Ferienhof Zur Tabakblüte

Wo zu DDR-Zeiten Tabak angebaut wurde, vermietet Familie Dietrich inzwischen in einem ehemaligen Stallgebäude Ferienwohnungen. Seit 2014 wird hier auch wieder Landwirtschaft betrieben. Im Hofladen gibt es Fleisch (nur nach Vorbestellung) und Wurstwaren von ganzjährig im Freiland gehaltenen Welsh Black-Rindern und Schwarzkopfschafen, frische Eier, Marmeladen sowie Honig von der Imkerei Vogel aus Schwedt. Die Schlachttermine werden im Internet veröffentlicht. Dorfstraße 27, 16307 Friedrichsthal 033332-807 16 info@tabakbluete.de • www.ferienwohnung-tabakbluete.de Mai bis September: täglich 10–18 Uhr, Oktober bis April: nach Vereinbarung

8 Fischergarten

Helmut Zahn ist einer der letzten selbstständigen Erwerbsfischer in der Uckermark. Sein »Fischergarten« liegt direkt am Oder-Neiße-Radweg. Hier kann man frischen und geräucherten Fisch kaufen oder vor Ort ein Fischbrötchen verzehren. Danach locken »Deutschlands kleinstes Fischerei-Freilichtmuseum« oder die Teilnahme am gelegentlich stattfindenden Schauräuchern. Helmut Zahn verkauft auch Angelkarten und vermietet Wassertreter und Ruderboote. Am Bollwerk 15, 16303 Schwedt/Oder 0173-44 97 794 0152-020 88 462 zahn-schoenland@gmx.de • www.fischergarten.de Montag bis Freitag 9–17 Uhr, Samstag 9–14 Uhr

9 Fischräucherei Glut & Späne

Der Fischereiwissenschaftler und Räuchermeister Michael Wickert gründete nach beruflichen Stationen in der Schweiz, Australien, Brasilien, Südafrika, Frankreich und in Berlin im Jahr 2010 im beschaulichen Gerswalde seine eigene Räucherei. Sie liegt im Heizhaus einer alten Schlossgärtnerei, zu der eine kleinen Außenterrasse sowie ein Kräuter- und Gemüsegärten gehören. Hier räuchert Michael Wickert nach speziellem Rezept Forellen aus den glasklaren Gewässern der Umgebung. Verkauft wird der Fisch während der Saison immer samstags. Im Sommer ist zusätzlich sonntags geöffnet, dann gibt es kleine Mittagsgerichte oder frisch gegrillten Fisch. In den Sommerferien werden freitagabends Tapas serviert. Tagsüber steht in der warmen Jahreszeit freitags auch ein Verkaufsanhänger am Naturcampingplatz Oberuckersee in Warnitz. Von Dezember bis Ostern praktiziert Michael Wickert hier seine spezielle Kalträuchermethode, bei der die Filets 24 Stunden in Steinsalz eingelegt und dann für weitere 48 Stunden über Holzspänen und getrockneten Sommerkräutern geräuchert werden. Dieser äußert zarte und mild rauchige »Lax« ist in ausgewählten Geschäften in Berlin erhältlich. – Wegen der extremen Trockenheit der letzten Jahre, die sich auch auf die Fischbestände in Brandenburg auswirkt, erwägt der Michael Wickert leider, mit seiner Räucherei aus Brandenburg fortzuziehen. Dorfmitte 11, 17268 Gerswalde 0163-256 42 16 hallo@glutundspaene.de www.glutundspaene.de Ostern bis Anfang Oktober: Samstag ab 12 Uhr bis ausverkauft, im Sommer auch Sonntagmittag, in den Sommerferien auch Freitagabend (Tapas)

10 Gärtnerei Sommerfeld

Als »bunteste Gärtnerei der Uckermark« bewirbt Familie Sommerfeld ihren kleinen Betrieb, in dem eine beachtliche Vielfalt an verschiedenen Tomaten- und Kartoffelsorten angebaut wird. Daneben gibt es auch Gemüse wie Mangold, Paprika, Salate, Kräuter und (zur jeweiligen Saison) Erdbeeren, Äpfel, Birnen, Pflaumen, Himbeeren, Brombeeren und Johannisbeeren. Zur Düngung und Schädlingsbekämpfung werden hier statt Chemie natürliche Mittel und Nützlinge wie Marienkäfer eingesetzt. Kuhzer Weg 5, 17268 Wichmannsdorf 0152-273 00 526 gaertnerei.sommerfeld@gmail.com Montag bis Mittwoch, Freitag & Samstag 9–18 Uhr, Donnerstag 14–18 Uhr

11 Gut Gollin

Im Biosphären-Reservat Schorfheide-Chorin betreibt Familie Würth ihren Erlebnisbauernhof Gut Gollin mit Ferienwohnungen, einem Baumhaushotel und einem Hofladen. Vermarktet werden hier vor allem die Eier der hofeigenen Freilandhühner und das Fleisch von Rot- und Damwild. Daneben leben auch noch Weiderinder, Schafe, Ziegen und Schweine auf dem Hof. Die Gebäude und Ställe gruppieren sich idyllisch um einen Teich; der Hofladen befindet sich im Haupthaus, in dem auch der Frühstücksraum für die Feriengäste untergebracht ist. Zum Sortiment gehören Eier, Wildbret, Rindfleisch, Wurst vom Strohschwein, Lammfleisch, selbst gemachte Marmeladen sowie Käse, Milch, Gemüse und Säfte aus der Region. In der Sommersaison wird im Hofcafé täglich frischer Kuchen serviert. Außerhalb der Öffnungszeiten steht im Vorraum ein »Regiomat« zur Verfügung – ein gekühlter Münzautomat, aus dem man mit Hilfe von ausreichend Kleingeld Eier, Rindersalami, Schinken, Wildjagdwurst, Wildleberwurst, Wurstkonserven und Marmelade herausholen kann. Was im Automaten nicht zur Verfügung steht, kann per Bestellzettel geordert und nach Terminvereinbarung abgeholt werden.

Gut Gollin, Gut Gollin 1, 17268 Gut Gollin
039882-61 99 41 mail@gut-gollin.de • www.gut-gollin.de Sommer: Dienstag bis Sonntag 10–18 Uhr, Winter: Mittwoch & Donnerstag 10–17 Uhr, Regiomat: täglich 10–17 Uhr

12 Gut Kerkow

Bio

Im Jahr 2015 übernahm die bekannte Köchin Sarah Wiener zusammen mit Partnern das bei Angermünde gelegene Gut Kerkow, das schon in den 1990er Jahren zum Musterbiobetrieb mit eigenem Restaurant und Hofladen ausgebaut worden war. In dieser Tradition wird das Gut seither fortgeführt. Der Schwerpunkt liegt auf der Haltung von Aberdeen-Angusrindern und der Produktion von Fleisch und Wurstwaren. Da Futteranbau, Aufzucht, Schlachtung, Verarbeitung und Verkauf am gleichen Ort stattfinden, sind (Bio-)Qualität und Frische garantiert. Die Landwirtschaft auf den umliegenden Feldern wird nach den Prinzipien der biologisch-dynamischen Landwirtschaft betrieben. Besonders am Herzen liegen Sarah Wiener die sieben Bienenvölker, die über die Weiden und Äcker summen und um die sie sich persönlich kümmert.

Im stilvoll eingerichteten Hofladen beeindruckt vor allem die Theke mit den Fleisch- und Wurstwaren, die hier handwerklich hergestellt werden. Daneben gibt es ein komplettes Bioladen-Sortiment, inklusive frischem Gemüse und Milchprodukten aus der Nachbarschaft. Ebenfalls angeboten werden Kaffeespezialitäten und leckere Backwaren, die man sich bei schönem Wetter vor dem Laden auf dem Hof schmecken lassen kann.

Gut Kerkow, Greiffenberger Straße 8, 16278 Kerkow
03331-26 29 34 · gutshof@gut-kerkow.de • www.gut-kerkow.de · Täglich 10 – 18 Uhr

⓭ Gut Peetzig

Das 450 Hektar große Gut Peetzig liegt mitten im Biosphärenreservat Schorfheide-Chorin und wird seit 1994 biologisch-dynamisch als Demeter-Hof bewirtschaftet. Ulf Dobroschke und Heike Böthig bauen hier Getreide, Hanf, Hülsenfrüchte und Kartoffeln an und halten eine kleine Rinderherde mit drei Mutterkühen. Gut Peetzig beliefert unter anderem die Bäckerei Märkisches Landbrot mit Getreide. Ab Hof können nach Absprache Kartoffeln, Dinkel, Roggen, Hafer, Fleisch und Wurstwaren direkt erworben werden. Peetzig 27, 16278 Peetzig 033334-701 14 info@gut-peetzig.de Nach Vereinbarung

⓮ Gutshof Kraatz

Florian Profitlich und Edda Müller sind aus Berlin in die Uckermark gezogen und haben dort ihr Hobby zum Beruf gemacht. Aus alten Apfel-, Birnen- und Quittensorten stellen sie Säfte, Weine, Seccos, Brände und Liköre her. In ihrer Weinschänke, die zugleich als Laden dient, bieten sie auch Fruchtaufstriche sowie Apfel- und Quittenessig an. Auf dem weitläufigen Gutsgelände, in dessen Scheune die Obstkelterei untergebracht ist, gibt es auch verschiedene Ferienwohnungen. Schloßstraße 7, 17291 Kraatz 039859-639 76 info@gutshof-kraatz.de • www.gutshof-kraatz.de Donnerstag und Freitag 14–21 Uhr, Samstag 14–21 Uhr, Sonntag 10–18 Uhr

Köstliche Säfte im Gutshof Kraatz

15 Gut Temmen

Bio

Auf einem ehemaligen Rittergut, zu dem über 3.000 Hektar Land und ganze sieben Seen gehören, werden hier im Biosphärenreservat Schorfheide-Chorin nach Bioland-Richtlinien ökologische Lebensmittel produziert. Auf Gut Temmen leben 1.500 Weiderinder und 300 Schweine, die in tiergerechten Ställen mit großzügigem Auslauf gehalten werden. Zu den Schlachtterminen, die im Internet einsehbar sind, kann Rindfleisch vorbestellt werden. Im Hofladen gibt es ganzjährig neben zugekauften Bioprodukten vor allem zahlreiche hausgemachte Wurst- und Fleischspezialitäten wie die berühmte Temmener Stracke. Zum Gut gehören ebenfalls eine kleine Pferdezucht (mit Reitkursen) sowie die Wildsamen-Insel von Uta Kietsch, die auf den Wiesen der Umgebung regionale Wildblumen-, Kräuter- und Gemüsesamen vermehrt und über das Internet vertreibt (www.wildsamen-insel.de). Auf den Wegen rund um Temmen kann man also nicht nur Wälder und Seen sowie Rinder- und Pferdeweiden entdecken, sondern auch Wildblumenwiesen, die im Hochsommer an die Provence erinnern. Das Gut vermietet fünf Gästezimmer und lädt regelmäßig zu Veranstaltungen wie Konzerten, Freiluftkino oder Tanzabenden ein.

Gut Temmen, Lindenallee 3, 17268 Ringenwalde
039881-43 00 · hofladen@gut-temmen.de • www.gut-temmen.de
Donnerstag 14–18 Uhr, Freitag 10–18 Uhr, Samstag 10–16 Uhr (im Winter 10–14 Uhr)

16 Grumsiner Brennerei

Seit 2015 produziert Thomas Blätterlein in seiner Grumsiner Brennerei hochwertige Brände und Liköre. Das Firmenlogo, ein Mammut, bezieht sich auf die eiszeitlich geprägte Landschaft des Grumsiner Buchenwalds, der als Naturschutzgebiet zum UNESCO-Weltnaturerbe gehört. Neben den ausgedehnten Waldflächen erstrecken sich hier im Süden der Uckermark auch Getreidefelder und Streuobstwiesen, auf denen die Zutaten für Gin, Whisky und Obstler, Birnen- und Himbeergeist sowie verschiedene Obstliköre wachsen. Auch die Eier für den Eierlikör werden aus der Region bezogen.

Ein Einkauf in der Grumsiner Brennerei lässt sich gut mit einem Spaziergang durch die umliegenden Buchenwälder kombinieren. Der kleine Ort Altkünkendorf ist das touristische Zentrum des Naturschutzgebiets; ein kleiner Infopunkt befindet sich direkt gegenüber der Dorfkirche. Als geführte Tour kann man den Wald auch im Rahmen einer Brennerei-Führung erkunden, die jeden ersten und dritten Samstag im Monat angeboten wird. Außerdem stehen regelmäßig Verkostungen, Likörseminare und Destillateurkurse auf dem Programm. Die Grumsiner Brände und Liköre sind auch über einen Onlineshop zu beziehen.

Grumsiner Brennerei, Wirtschaftshof 3, 16278 Altkünkendorf
033337-51 69 99 info@grumsiner.de • www.grumsiner.de
März bis Dezember: Dienstag bis Freitag 11–16 Uhr, Samstag 14–17 Uhr

17 Haus Lichtenhain

1995 bezog Daisy Gräfin von Arnim mit ihrem Mann das Gutshaus Lichtenhain, das einst als Vorwerk zum Schloss Boitzenburg gehörte. Dort begann sie bald mit der Herstellung und dem Verkauf von Apfelsaft und Apfelprodukten aller Art, inzwischen ist sie als »Apfelgräfin« eine regionale Berühmtheit. Ihr Hofladen und das Apfel-Café, inmitten einer von alten Bäumen bestandenen Wiesenlandschaft gelegen, sind ein beliebtes Ausflugsziel, und aufgrund der großen Nachfrage wird das Sortiment von Apfelsäften, Apfelmarmeladen, Apfelcaramels, Apfelchutneys, Apfeltees, Apfelbonbons, Apfelschnitten, Apfelsirups, Apfelessig, Apfelwein, Apfelsecco und anderen Fruchtkreationen immer mehr erweitert. Fast alles wird vor Ort aus regionalen Zutaten hergestellt. Die Produkte sind zwar auch im Onlineshop erhältlich, aber es lohnt sich, die Auswahl im Hofladen zu durchstöbern, nicht zuletzt wegen der Möglichkeit im Apfelcafé mit Blick auf die Natur ein Stück frischen Apfelkuchen zu essen. Auch die Umgebung mit den vielen Seen und dem nahe gelegenen Barockschloss Boitzenburg ist an sich schon eine Reise wert. Wer länger hier bleiben möchte, findet im Haus Lichtenhain drei geschmackvoll eingerichtete Ferienwohnungen.

Haus Lichtenhain, Lichtenhain 25, 17268 Lichtenhain
039889-82 50 · info@haus-lichtenhain.de • www.haus-lichtenhain.de
April bis Oktober: Montag bis Samstag 13–17 Uhr und nach Vereinbarung

⑱ Hemme Milch

1998 gründete der gebürtige Niedersachse Gunnar Hemme in der Nähe von Angermünde die Molkerei Hemme Milch. Inzwischen hat das Unternehmen 23 Mitarbeiter und beliefert mit seinen Milchprodukten fast 2.500 Privathaushalte, 200 Schulen und zahlreiche Supermärkte in Berlin und Brandenburg.

Die knapp 500 Hemme-Kühe leben von Mai bis Oktober auf den Weiden und im Winter in den Ställen neben der Molkerei, wo sie fast ausschließlich mit selbst produziertem Futter ernährt werden. Durch eine unterirdische Leitung gelangt die Milch nach dem Melken direkt in die Molkerei, wo sie als Frischmilch in Schlauchbeutel gefüllt oder zu Joghurt, Quark und anderen Milchprodukten verarbeitet wird. Alles ist auch im Hofladen zu erwerben – neben einer kleinen Auswahl an weiteren Produkten aus der Region. Im Hofcafé werden Kaffee und Kuchen serviert. Eine große Glasfront bietet schöne Ausblicke auf die Weiden und Felder im umliegenden Biosphärenreservat Schorfheide-Chorin. Im Sommer sitzt man draußen vor dem Café gemütlich unter Sonnenschirmen.

Hemme Milch, Heideweg 4, 16278 Schmargendorf
03331-25 25 25 info@hemme-uckermark.de • www.hemme-uckermark.de
Milchladen: ganzjährig Montag bis Freitag 8–16 Uhr, Samstag & Sonntag 12–17.30 Uhr; Hofcafé: April bis Oktober: Dienstag bis Sonntag 10.30–18 Uhr, November bis März: Samstag & Sonntag 12–17.30 Uhr

19 Hofladen Gut Ravensmühle

Am Ufer des kleinen Mühlbachs betreibt Familie Bexten ihren Biohof, auf dem sie das Futter für ihre Kühe, Legehennen, Sattelschweine, Enten und Gänse selbst anbauen. Im Hofladen finden sich entsprechend hofeigene Bioeier sowie Geflügel-, Rind- und Schweinefleisch. Zusätzlich bietet der Laden ein komplettes Naturkost-Sortiment mit frischem Obst, Gemüse, Milch und Käse – alles möglichst aus der Region. Weihnachtsgänse sollten rechtzeitig vorbestellt werden. Ravensmühle 9, 17335 Ravensmühle 039753-254 76 bestellung@hofladen-ravensmuehle.de • j.bexten@posteo.de www.hofladen-ravensmuehle.de Freitag 10–18 Uhr, Samstag 9–14 Uhr und nach Vereinbarung

20 Hofladen Sternhagen

Landwirt Stephan Zoch bewirtschaftet mit Hilfe der Familie und vier Angestellten 300 Hektar Acker und 100 Hektar Grünland; daneben hält er Geflügel, Schweine sowie 100 Mutterkühe und Kälber. Ein wichtiges Standbein ist inzwischen der rustikal eingerichtete Hofladen, in dem Kartoffeln, Getreide, Obst, Fleisch und Wurst von Schwein und Rind, Freilandgänse, -enten und -hähnchen sowie Honig, Fruchtaufstriche, Säfte und Weine aus regionaler Herstellung verkauft werden. Pinnower Weg 3, 17291 Sternhagen 0172-388 36 12 stephan-zoch@web.de • www.hofladen-sternhagen.business.site Oktober bis Mai: Freitag 16–18 Uhr, Samstag 9–12 Uhr

21 Königin von Biesenbrow

In der Manufaktur von Yvonne und Mathias Tietze entstehen aus seltenen und alten Apfelsorten, die sie selbst anbauen, sortenreine Apfelsäfte, Apfelsecco und ein exklusiver Apfelcrémant. Der Crémant reift in traditioneller Flaschengärung mindestens 12 Monate im alten Gewölbekeller des Hofes. Die Säfte werden in 250-ml-Flaschen verkauft und tragen wohlklingende Namen wie »Rembrandt«, »Goldparmäne« oder »Geheimrat Breuhahn«. Springende 6, 16278 Biesenbrow 0179-395 11 03 info@koenigin-von-biesenbrow.de • www.koenigin-von-biesenbrow.de Verkauf vor Ort nur am Tag der offenen Tür und auf dem Adventsmarkt, ansonsten im Onlineshop

22 Kräutergärtnerei Helenion

Für die einen ist es Unkraut, für die anderen eine Köstlichkeit. Zwischen kleinen Teichen und gemütlichen Hecken wachsen hier im Schaugarten unzählige essbare Wildpflanzen, Heilpflanzen, Kräuter sowie Tee-, Duft- und Färbepflanzen. Das Sortiment umfasst etwa 1.000 Produkte in Bio-Qualität, darunter Blätter, Blüten, Wurzeln und Knollen eher unbekannter Pflanzen, aber auch Klassiker wie Thymian, Salbei und Basilikum. Kleine Straße 2a, 17291 Grünow 039857-398 59 info@helenion.de www.helenion.de April bis Juni: Montag bis Donnerstag 10–16 Uhr, Freitag 10–18 Uhr, Samstag 10–14 Uhr, Juli bis September: Montag bis Samstag 10–14 Uhr

23 Marstall Boitzenburg

Der wunderschön herausgeputzte Marstall des Schlosses Boitzenburg hat sich zu einem kulinarischen Glanzstück der Uckermark entwickelt: Neben der Schokoladenmanufaktur, die seit 2006 betrieben wird, gibt es hier inzwischen eine hauseigene Kaffeerösterei, eine Schaubäckerei mit Tortenmanufaktur, eine Eismanufaktur und eine Brauerei. Ein Teil der Produktion kann durch Glaswände beobachtet werden, die Köstlichkeiten lassen sich auch gleich im Café oder im Biergarten verkosten. Templiner Straße 5, 17268 Boitzenburg · 039889-50 90 94 · info@marstall-boitzenburg.de • www.marstall-boitzenburg.de · April bis Dezember: täglich von 11–17 Uhr

24 Mosterei Klimmek

Bereits seit 1983 existiert diese Mosterei in Sternfelde bei Angermünde. Inzwischen wird der kleine Familienbetrieb von Rico Klimmek, dem Enkel des Gründers, geführt. Hergestellt und verkauft werden hier 20 verschiedene Sorten Saft und Nektar aus regionalem Obst, aber auch aus exotischen Früchten wie Orangen, Bananen oder Ananas. Ebenfalls im Angebot sind selbst gemachter Apfelwein sowie Obst- und Beerenweine aus anderen Regionen. Parkweg 4, 16278 Sternfelde · 03331-331 63 · info@mosterei-klimmek.de • www.mosterei-klimmek.de · Mittwoch bis Freitag 14–18 Uhr, September und Oktober: Montag bis Freitag 14–18 Uhr

25 Naturbauernhof Gierke

Auf dem Naturbauernhof von Familie Gierke kann man Ferienwohnungen mieten, Reitunterricht nehmen oder einfach im Hofladen einkaufen. Im Angebot sind z. B. Wurst von hofeigenen Schweinen und Rindern, Eier, Kartoffeln, Honig und Apfelsaft. Nach Vereinbarung ist auch eine ca. 30-minütige Führung über den liebevoll gestalteten Hof buchbar, auf dem Pferde, Ponys, Kühe, Schweine, Gänse, Hühner, Katzen, Hunde und diverse Zwergkaninchen leben. Drenser Straße 15, 17291 Drense · 039857-51 00 · info@naturbauernhof.de • www.naturbauernhof-gierke.de · Nach Vereinbarung

26 Naturseifenmanufaktur Traumseife

Seit 2013 produzieren Anke und Henry Bergemann in Handarbeit Naturseifen, seit einigen Jahren in einem eigenen kleinen Manufakturgebäude, in dem sie auch Kurse anbieten. Zur Herstellung der Seifen werden nur pflanzliche und naturbelassene Stoffe verwendet, die vorwiegend aus kontrolliert biologischem Anbau oder aus Wildsammlungen stammen. Gefärbt wird nur mit Tee, Gewürzen, Tonerden oder Pflanzenölen. Vertrieben werden die Seifen vor allem über den Onlineshop, Besuche vor Ort sind aber willkommen. Milower Weg 10, 17337 Lübbenow · 039745-2 00 87 · info@traumseife.de • www.traumseife.de · Nach Vereinbarung

27 Naturseifen-Manufaktur Uckermark

Anke Thoma produziert und verkauft hochwertige Seifen, Deocremes, Shampoos, Pflegelotionen, Badezusätze und vieles mehr. Die Zutaten für die selbst entwickelten Rezepte stammen zu 95 Prozent aus kontrolliert biologischem Anbau. Auf Tierversuche wird genauso konsequent verzichtet wie auf Mineralölprodukte, Konservierungsmittel, Emulgatoren und synthetische Duftstoffe. Wer online bestellt, bekommt die Waren klimaneutral und plastikfrei geliefert, verzichtet aber auf das nette Gespräch vor Ort. Buchenhain 34, 17268 Boitzenburger Land 039889-50 90 82 / 0162-214 00 42 info@naturseifen-manufaktur.de • www.naturseifen-manufaktur.de Montag bis Freitag 8–18 Uhr

28 Ölmühle Gut Blankensee

In der sanierten Ölmühle des Guts Blankensee betreiben Saskia und Botho Graf Hahn ein gemütliches Café und einen Hofladen. Neben Kaffee und Kuchen, die man bei schönem Wetter auch im Garten genießen kann, bietet der Hofladen eine Auswahl regionaler Produkte wie Eier, Marmelade, Liköre und Honig an. Eine Spezialität sind die kaltgepressten Öle, die selbst hergestellt werden. Regelmäßig gibt es hier auch Konzerte und Lesungen. Blankensee 10, 17268 Mittenwalde 0172-94 28 877 info@gut-blankensee.de • www.gut-blankensee.de April bis Oktober: Samstag, Sonntag und feiertags 11–17 Uhr

Landydille in der Ölmühle Gut Blankensee

29 Preußische Whisky Destillerie

In einem alten Pferdestall hat die studierte Pharmazeutin Cornelia Bohn sich ihren Traum von einer eigenen Whisky-Destillerie erfüllt. Aus biologisch angebautem Gerstenmalz produziert sie hier im Jahr 20 Fässer Single Malt, der dann in Flaschen abgefüllt und unter dem Label Preußischer Whisky verkauft wird. Jede Einzelfassabfüllung entwickelt dabei ihren eigenen Geschmack. Verkauf und Besichtigung sind nur an Tagen der offenen Tür möglich. Am Gutshof 3, 16278 Schönermark 033335-318 95 info@preussischerwhisky.de • www.preussischerwhisky.de Verkauf vor Ort nur an Tagen der offenen Tür, ansonsten im Onlineshop

30 Q-Regio-Hofladen Prenzlau

Die Betreiber der Bauernkäserei Wolters in Bandelow haben das Label »Q-Regio« erfunden, unter dem seit 2005 regionale Spezialitäten verschiedener Erzeuger aus Brandenburg und angrenzenden Bundesländern an Endkunden und Gastronomen vermarktet werden. In Prenzlau und Templin entstanden die ersten beiden Q-Regio-Hofläden, in denen eine breite Palette von regionalen Spezialitäten zu finden ist, inklusive einer großen Käse-, Wurst- und Fleischtheke. Friedrichstr. 11, 17291 Prenzlau 03984-83 16 79 info@q-regio.de • www.q-regio.de Montag bis Freitag 9–13 Uhr & 13.30–18 Uhr, Samstag 9–12 Uhr

31 Q-Regio-Hofladen Templin

Das Angebot entspricht hier weitgehend dem des Q-Regio-Hofladens in Prenzlau. Zum Verkauf stehen fast ausschließlich Produkte regionaler Produzenten wie der Bauernkäserei Wolters, des Boitzenburger Früchtezaubers, des Büffelhof Bobalis, von Hemme Milch, der Apfelgräfin Daisy von Arnim, der Kelterei Gutshof Kraatz, der Klosterbrauerei Neuzelle, dem Straußenhof Berkenlatten, Himmelpfort Kaffee, der Klostefelder Senfmühle, Gut Kerkow, Gut Temmen, homemade und vielen mehr. Puschkinstraße 1, 17268 Templin 03987-20 96 64 templin@q-regio.de www.q-regio.de Montag–Freitag 10–13 Uhr & 13.30–18 Uhr

32 Regenbogenhof Augustfelde

Schon seit Anfang der 1990er Jahre wird auf den Streuobstwiesen des biozertifizierten Regenbogenhofs Obst geerntet. Heute beackert das Team um Matthias Hermsdorf auch einen Gemüsegarten und baut Feldfrüchte an. Kartoffeln, Gemüse, Obst, Kräuter und Salat aus eigenem Anbau (ergänzt um zugekaufte Bioware) werden direkt ab Hof verkauft oder in einer Abo-Kiste wöchentlich nach Hause geliefert. Jeden Samstag ab 14 Uhr können Interessierte auf dem Hof auch mitgärtnern. Alte Bahnhofstraße 6, 17291 Augustfelde 039853-649 50 regenbogenhof@gmail.de • www.regenbogenhof-uckermark.jimdosite.com Mittwoch & Freitag 17–18.30 Uhr, Samstag 15–18 Uhr

33 Rosenhof Flemming

Im Jahr 2005 kauften Maik und Carmen Flemming ein verwildertes Gelände in der Gemeinde Uckerland und verwandelten es in ein Rosenparadies, in dem man heute über 200 Rosensorten sowie verschiedene Gehölze für den eigenen Garten kaufen kann. Auf dem 10.000 Quadratmeter großen Rosenhof flaniert man in landschaftlich schöner Umgebung durch verschiedene Schaubeete und liebevoll arrangierte Schaugärten. Für Kinder gibt es einen Spielplatz. Karlstein 5, 17337 Uckerland 039853-649 79 camros@web.de • www.rosenhof-flemming.de Montag bis Samstag 9–18 Uhr, Juni und Juli: auch Sonntag 10–17 Uhr, Januar: geschlossen

34 Seenfischerei Angermünde

Die Seenfischerei Angermünde befischt mit zehn Mitarbeitern etwa zwanzig Gewässer, darunter auch den Mündesee, an dessen Ufer sich der Firmensitz und der Hofladen befinden. Verkauft werden vor allem Forelle, Lachsforelle, Saibling, Karpfen, Stör, Aal, Hecht, Zander, Barsch und Plötze. Neben Frisch- und Räucherfisch gibt es im Hofladen auch hausgemachte Salate und Aspikwaren. Im Sommer lohnt ein Abstecher zum Strandbad Wolletzsee oder in den Grumsiner Forst. Bleiche 1, 16278 Angermünde 03331-324 01 fisch@fischerei-angermuende.de • www.fischerei-angermuende.de Montag bis Freitag 9–17 Uhr

35 Seenfischerei Krempig

Auf dem idyllisch gelegenen Beenzhof betreibt Familie Krempig ihren Fischerhof, zu dem auch drei Ferienwohnungen gehören. Neben frischem und geräuchertem Karpfen, Hecht, Schleie, Barsch, Forelle und (im Sommer) Maräne aus den umliegenden Seen werden im Hofladen auch Meeresfische angeboten. Von Mai bis September gibt es ein kleines Imbissangebot. Danach bietet sich ein Angelausflug an den nahen Rednitzsee oder eine Abkühlung an der Badestelle im Clanssee an. Beenzhof 1, 17279 Beenz 039888-27 34 fischereikrempig@gmail.com • www.fischereikrempig.de Montag bis Samstag 9–18 Uhr

36 Seenfischerei Trellert

Matthias Trellert betreibt in zweiter Generation Fischerei auf 14 uckermärkischen Seen. Im Stammsitz am Großen Sternhagener See, südlich von Prenzlau, gibt es eine Verkaufsstelle für den eigenen Fang, der vor allem aus Karpfen, Hechten, Zandern und Aalen besteht. Forellen, Lachsforellen und Saiblinge werden regional hinzugekauft. Zu den Spezialitäten gehören geräucheter Aal, Forelle und Saibling. Von Mai bis Oktober hat ein Imbiss mit Blick auf den See geöffnet. Fischereiweg 1, 17291 Sternhagen 039856-31 18 info@trellert.de • www.trellert.de Mai bis Oktober: Donnerstag bis Sonntag 11–21 Uhr, November bis April: Freitag & Samstag 9–16 Uhr (Gaststätte geschlossen)

37 Straußenhof Angermünde

Marco Döring und seine Lebensgefährtin halten auf ihrem Hof etwa 15 Strauße mit dem dazugehörigen Nachwuchs sowie einige Nandus und zwei Emus. Seit 2018 gibt es auch einen kleinen Hofladen, in dem man neben Straußenfleisch- und Wurst auch Produkte aus Federn und Eierschalen erwerben kann. Ein kleiner Spielplatz mit Sandkasten bietet Abwechslung für die Kleinen. Schmargendorfer Weg 23, 16278 Angermünde 0152-557 19 937 info@straussenhof-angermuende.de www.straussenhof-angermuende.de März bis Dezember: Freitag 14–18 Uhr, Samstag, Sonntag & feiertags 10–18 Uhr und nach Absprache

38 Straußenhof Berkenlatten

Der Straußenhof von Hartmut und Andrea Rätz liegt am Rande des Biosphärenreservats Schorfheide-Chorin. Im Hofladen bekommt man nicht nur Straußenfleisch und -eier sowie Produkte aus Straußenleder und -federn, sondern auch Milch, Käse und Butter aus der Region. Von Ostern bis September hat der hofeigene Barfuß-Erlebnispark geöffnet. Mit gemieteten Elektrofahrrädern kann man von hier aus die Gegend erkunden. Berkenlatten 7, 17268 Berkenlatten 039887-50 87 / 0152-016 87 664 mail@straussenhof-berkenlatten.de • www.straussenhof-berkenlatten.de April bis September: täglich 10–18 Uhr, November bis März: Donnerstag bis Montag 10 Uhr bis Einbruch der Dunkelheit

39 Uckermärker LandKörbchen

Im kleinen Örtchen Ludwigsburg nordwestlich von Prenzlau vermietet Familie Korb in ihrem Haus Ferienwohnungen und betreibt einen kleinen Hofladen, in dem es vor allem hausgemachte Spezialitäten aus Holunder gibt: z. B. Holunderblütenzucker, Gelees, Weine, Liköre, Sirups, Tees und Bonbons. Zum Holundergeist gesellen sich Spirituosen aus der Kartoffel. Außerdem gibt es Produkte rund um das Schaf, etwa handgesponnene Wolle von verschiedenen uckermärkischen Schafrassen. Ludwigsburg 6, 17291 Schenkenberg 0172-100 06 32 landurlaub@freenet.de • www.landurlaub-uckermark.de Mittwoch 16–19 Uhr, Samstag 9–13 Uhr und nach Vereinbarung

40 UMBio

UMBio ist ein kleiner Ökohof, der sich auf extensiven Obstanbau spezialisiert hat. In der hofeigenen Mosterei wird das Obst frisch und ohne lange Transportwege als Direktsaft gemostet. Zum Angebot gehören verschiedene Apfelsäfte aus eigenem Streuobst-Anbau, Honig, Kartoffeln, Möhren, Rote Beete, Zwiebeln, Kürbis, Tomaten, Salat und Wildfleisch. Der Hof bietet auch Baumpatenschaften an: Jeder Pate erhält einen individuellen Baum zugewiesen, dessen Äpfel nur er selbst ernten darf. Gutshof 1, 17291 Grünheide 039863-63 90 75 info@umbio.de • www.umbio.de Montag bis Freitag 8–16 Uhr

Schafwolle vom Uckermärker LandKörbchen

41 Wildwirtschaft

In ihrer Wildwirtschaft verkauft Nadine Wunsch-Fischer frisches Wildfleisch aus dem eigenen Revier im Naturpark Uckermärkische Seen und von befreundeten Jägern. Damwild, Reh und Rotwild sind meist nur von Mai bis Januar erhältlich, Wildschweine werden ganzjährig gejagt. Eine telefonische Anmeldung ist erforderlich. Das Fleisch wird nach Wunsch portioniert und ist auch tiefgekühlt erhältlich. Buchenhain 33, 17268 Boitzenburger Land 039889-70 58 56 / 0172-440 99 76 horrido@wildwirtschaft.de www.wildwirtschaft.de Nach telefonischer Absprache

Auf den Wiesen von UMBio

Barnim

Kaminfeuer im Biohof Gerstel

❶ Bauer Nietsch

Detlef Nietsch wirtschaftet auf seinem Hof ohne Gentechnik, ein Teil seiner Gemüse- und Obstprodukte ist biozertifiziert. Im Hofladen, auf regionalen Wochenmärkten und im Internet werden unter anderem hausgemachte Wurst- und Senfspezialitäten, Eier, Honig, Marmeladen, Säfte und Liköre, Holunderblütensirup und selbstgefertigte Sanddornprodukte verkauft. Im Dezember kann man hier auch seinen Weihnachtsbaum selbst schlagen. Adolf-Reichwein-Straße 23 A, 16356 Tiefensee 033398-949 48 info@bauer-nietsch.de • www.bauer-nietsch.de April bis November: täglich 9 –17 Uhr, im Dezember Weihnachtsbaumverkauf, von Januar bis März geschlossen

❷ Biohof Gerstel

Familie Gerstel betreibt in Wandlitz in sechster Generation Landwirtschaft. Im kleinen Hofladen gibt es neben Bio-Kräutern und Gemüse aus eigenem Anbau auch Fruchtaufstriche, Sirup, Kräutersalz, Honig, Wein, Nudeln, Öle, Seifen und Dekoartikel. Zudem werden Kaffee und selbstgebackener Kuchen oder Cookies serviert. Gleich nebenan lohnt das Barnim Panorama einen Besuch. Breitscheidstraße 23, 16348 Wandlitz 033397-733 85 info@biohof-gerstel.de • www.biohof-gerstel.de Juni bis Oktober: Mittwoch 14 –18 Uhr, Freitag 9 –18 Uhr, Samstag 9 –16 Uhr, November bis Mai: Freitag 9 –18 Uhr, Samstag 9 –13 Uhr

❸ Brodowinfisch

Im Dorf mit der wohl höchsten Hofladendichte in Brandenburg findet sich auch ein regionaler Fischverkauf. Bei »Brodowinfisch« wird fangfrischer Fisch aus den umliegenden Gewässern des Biosphärenreservats Schorfheide-Chorin angeboten, vor allem Hecht, Barsch, Wels, Zander, Schlei, Karpfen, Karausche, Blei und Aal. Den Fisch gibt es ganz, als vakuumiertes Filet oder geräuchert. Fischer Martin Latendorf verkauft zudem Angelkarten, vermietet Ruderboote und bietet geführte Angeltouren an. Brodowiner Dorfstraße 52 a, 16230 Brodowin 0171-405 53 23 martin.latendorf@gmail.com • www.brodowinfisch.de Freitag 16 –18 Uhr

❹ Fischerei Werbellinsee

Familie Wolf befischt den Werbellinsee, einen der saubersten und größten Seen Brandenburgs. In Joachimsthal befindet sich der Hofladen mit integriertem Selbstbedienungsrestaurant. Hier bekommt man den Fisch fangfrisch, filetiert oder geräuchert. Geräuchert wird täglich über Buchenholz aus der Schorfheide. Vom Biergarten auf der Terrasse oder aus dem einfach gestalteten Wintergarten hat man einen schönen Blick auf den waldumsäumte See. Seerandstraße 16, 16247 Joachimsthal 033361-710 45 info@fischerei-werbellinsee.de • www.fischerei-werbellinsee.de Mittwoch bis Sonntag 9 –16 Uhr (im Sommer bis 17 Uhr)

5 Gärtnerinnenhof Blumberg

Seit 1992 werden auf dem nur drei Hektar großen Hof am Rande Berlins Gemüse, Beeren, Blumen und Kräuter angebaut. Dabei wird auf synthetische Dünge- und Pflanzenschutzmittel sowie Gentechnik komplett verzichtet. 2018 haben Isabel Burmeister und Maria Natt den Betrieb übernommen und verkaufen ihre Produkte auf Wochenmärkten und immer freitags ab Hof. Neben den eigenen Erzeugnissen gibt es auch Säfte, Pilze und europäische Südfrüchte aus ökologischem Anbau. Krummenseer Straße 5 a, 16356 Blumberg 033394-47 98 78 post@gaertnerinnen.de • www.gaertnerinnen.de
Freitag 11–16 Uhr und auf Berliner Wochenmärkten

6 Globus Naturkost

Der Globus Naturkost-Markt in Eberswalde ist kein wirklicher Hofladen, aber die Betreiber dieses Bioladens legen seit der Gründung 1994 sehr großen Wert darauf, Produkte von regionalen Erzeugern anzubieten. Das Sortiment aus Brodowiner Milch, Lobetaler Joghurt, Backwaren der Bäckerei Vollkern, Säfte von der Mosterei Klimmek, Fleisch und Wurstwaren von Gut Kerkow, Gut Hirschaue oder Gut Temmen bietet daher eine Vielzahl von Anregungen für kulinarische Ausflüge. Michaelisstraße 10, 16225 Eberswalde 03334-28 14 77 info@globus-naturkost.de • www.globus-naturkost.de
Montag bis Freitag 8.30–18.30 Uhr, Samstag 9–14 Uhr

7 Hof Eichhorn & Hofkäserei Die Waldziegen

Seit 1993 betreiben Edith Stöber und Olaf Willert auf ihrem Biohof in Rüdnitz Obst- und Gemüseanbau und eine kleine Schafzucht. Ihre Produkte vermarkten Sie vor Ort und auf Berliner Wochenmärkten. Ob das Angebot (Gemüse, Obst, Salat, Kräuter, Säfte und Lammfleisch) 2020 aufrechterhalten werden kann, stand bei Redaktionsschluss noch nicht fest. Auf jeden Fall wird es hier aber von Mai bis Oktober Käse aus der neu eingezogenen Hofkäserei von Franziska Lünnemann und Andreas Worm geben. Dorfstr. 22, 16321 Rüdnitz 01573-773 95 53 (Hofkäserei) diewaldziegen@posteo.de
Nach Vereinbarung

8 Hofladen Hof Hübner

Vater, Mutter und Tochter Hübener betreiben in Danewitz einen klassischen bäuerlichen Familienbetrieb. Im Keller des alten Bauernhauses aus Backstein verbirgt sich der rustikale Hofladen, in dem je nach Saison unter anderem Spargel, Rhabarber, verschiedene Beeren, Äpfel, Birnen, Pflaumen, Salat, Bohnen, Kohlrabi, Möhren, Rot- und Weißkohl, Kürbisse, Kartoffeln, Wurst und Fleisch vom Schwein, Eier, Geflügel, hausgemachte Fruchtaufstriche und Gelees, Obstsäfte und Liköre angeboten werden. Dorfstraße 22, 16359 Danewitz 03337-45 19 45 huebies6@freenet.de www.derhofladen.hpage.com Januar bis April: Dienstag bis Samstag 9–18 Uhr, Mai bis Dezember: Dienstag bis Samstag 9–18 Uhr, Sonntag und Feiertage: 10–13 Uhr

9 Hof Schwalbennest

Bio

Direkt am Parsteiner See beim Ökodorf Brodowin liegt der kleine Demeterhof von Martina und Ulrich Bressel. Fünf Kühe und 45 Milchschafe leben hier im Sommer auf der Weide und werden im Winter mit Heu, Rüben, Futtermöhren und Getreideschrot aus eigenem Anbau gefüttert. Aus der Milch entstehen Quark, Joghurt und verschiedene Frischkäsesorten. Die anfallende Molke bekommen die hofeigenen Schweine, die – wie auch Kälber und Lämmer – im Schlachthof von Gut Kerkow zu Fleisch und Wurst verarbeitet werden. 20 Hühner versorgen den Hof ganzjährig mit Eiern, von Juni bis Dezember kommen je 100 Enten und Gänse als Weihnachtsgeflügel dazu. Wenn das Federvieh nicht im hofeigenen Teich badet, watschelt es über die Obstwiesen und Weiden.

Im kleinen Hofladen verkaufen die Bressels ausschließlich selbst erzeugte Produkte, also Obst, Gemüse, Käse, Milchprodukte, Fleisch und Wurst sowie Apfelsaft. Die einzigen Ausnahmen bilden das Bingenheimer Saatgut von regionalen bäuerlichen Saatguterzeugern und Seifen aus dem Seifengarten von Katja Lützkendorf im benachbarten Oderberg. Die Schafmilchseife wird aus Milch vom Hof Schwalbennest hergestellt.

Hof Schwalbennest, Pehlitz 3, 16230 Brodowin
033362-707 69 hofschwalbennest@t-online.de
www.hofschwalbennest-brodowin.de Täglich 7–20 Uhr

10 Hof Stolze Kuh

Bio

Seit 2014 betreibt der studierte Öko-Agrarmanager Janusz Hradetzky einen kleinen Demeterbetrieb, dessen Herzstück 40 Milchkühe sind – eine bunte Mischung aus Schwarzbunten Niederungsrindern, Allgäuer Braunvieh, Anglerrindern, dem Tiroler Grauvieh Emily und einigen Mischlingen. Die Tiere werden auf der Weide gehalten und dort mit einem mobilen Melkstand auch gemolken. Eine Besonderheit ist das Konzept der ammengebundenen Kälberaufzucht, bei der nur die Hälfte der Kühe gemolken wird, während die anderen je ein zweites Kalb mit Milch mitversorgen. Hier merkt man den Einfluss von Anja Hradetzky, die als Kuhflüsterin und Trainerin für wesensgemäße Tierhaltung arbeitet und auf dem Hof auch Kurse in Low Stress Stockmanship gibt.

Die Käserei des Hofes wurde per Crowdfunding finanziert, weshalb die Hradetzkys von ihren Produkten als »idealistischem Käse« sprechen. Auf dem kleinen Bauernmarkt vor dem Hof, auf dem auch andere Bauern aus der Umgebung verkaufen, gibt es jeden Samstag neben Sahne, Joghurt, Quark und Käse auch verschiedene Sorten Fleisch und Wurstwaren.

Bestellungen über das Internet sind möglich und werden im Zwei-Wochen-Rhythmus ausgeliefert.

Hof Stolze Kuh, Weinbergstr. 6 a, 16248 Stolzenhagen
033365-719 87 · stolzekuh@posteo.de · www.stolzekuh.de · Samstag 10–12 Uhr

⓫ Klosterfelder Senfmühle

In der Klosterfelder Senfmühle produzieren Monika Trautmann und Reinhard Fell in Handarbeit über 50 verschiedene Senfsorten – vom extrem scharfen Senf aus russischer Saat, über milde, fruchtige und exotische Mischungen bis hin zum süßen Smoothie-Senf. Da die Senfsaat vor dem Mahlen nicht entölt wird und der Mahlprozess langsam und ohne Hitzezufuhr vonstattengeht, enthält der Senf aus Klosterfelde viele Vitamine und ätherische Öle. Alle Sorten sind auch online erhältlich. Zerpenschleuser Straße 34, 16348 Wandlitz OT Klosterfelde 033396-574 kontakt@klosterfelder-senfmuehle.de • www.klosterfelder-senfmuehle.de Montag bis Freitag 10 –17 Uhr

⓬ Landgut Geelhaar

Sven Geelhaar und seine Frau betreiben in Chorin auf 130 Hektar eine kleine Biolandwirtschaft. Produziert werden hier unter anderem Freilanderdbeeren, verschiedene Kartoffelsorten und Eier. Die Hennen leben in mobilen Hühnerställen, die alle zwei Wochen auf eine andere Futterfläche umgesetzt werden. Die Produkte des Hofs sind online erhältlich, über Biomärkte und am Hofautomaten, der in einem kleinen Fachwerkhäuschen steht und 24 Stunden am Tag geöffnet hat. Hüttenweg (grüne Halle), 16230 Chorin 03337-49 01 63 / 0152-092 59 201 bestellung@landgut-geelhaar.de www.landgut-geelhaar.jimdo.com Hofautomat: rund um die Uhr geöffnet

⓭ Lobetaler Bio-Molkerei

Mitten im Naturpark Barnim befindet sich die Lobetaler Bio-Molkerei, ein Betrieb der Hoffnungstaler Werkstätten, in dem Menschen mit und ohne Behinderung gemeinsam Biomilch, Joghurt, Quark, Sahne, Dickmilch und Ayran herstellen. Der Milchladen ist durch große Schaufenster mit der Molkerei verbunden. Hier kann man alle Lobetaler Produkte erwerben, zusätzlich gibt es eine Käsetheke und ein ausgewähltes Naturkostsortiment. Im Bistro bekommt man neben Kaffee und Frozen Joghurt auch kleine herzhafte Gerichte. Sydower Feld 1, 16359 Biesenthal 03337-43 01 01 lobetaler-bio@lobetal.de • www.lobetaler-bio.de Montag bis Freitag 10 –18 Uhr, Samstag 10 –14 Uhr

⓮ Milchschafhof Luisenfelde

Auf dem Milchschafhof Luisenfelde, am Rande des Grumsiner Forsts, leben etwa 100 Milchschafe und zusätzlich einige Bentheimer Landschafe, die für die Landschaftspflege zuständig sind. Im Mittelpunkt des Hofladens von Thomas Hübner stehen neben Rohmilch und Naturjoghurt vor allem die Produkte aus der eigenen Käserei: halbfeste Schnittkäse mit verschiedenen Kräutern, der mit Rotkulturen gereifte Hofkäse, Frisch- und Salzlakenkäse oder der Luisenfelder Weichling. Es gibt aber auch Fleisch, Wurst und Schafwolle. Luisenfelde 11, 16247 Klein-Ziethen 033364-349 87 milchmaedelsluisenfelde@web.de März bis Oktober: Samstag & Sonntag 12–18 Uhr und nach Vereinbarung

Vogelbeeren im Garten der Destillerie Dr. Schulz

15 Pilzhof und Destillerie Dr. Schulz

Bio

Seit 1997 sprießen auf dem Pilzhof von Dr. Ronald Schulz die Speisepilze aus dem Nährboden. Ganzjährig werden hinter den Feldsteinmauern eines historischen Wirtschaftshofs Shiitake und Austernseitlinge geerntet, zur jeweiligen Saison auch Kräuterseitling und Igelstachelbart. Daneben bekommt man im Hofladen Trockenpilze, Nahrungsergänzungsmittel und Pilzextrakte. Die Pilze sind öko-zertifiziert – genauso wie die Wildfrüchte und -kräuter, die Familie Schulz im eigenen Garten anbaut oder in der freien Natur des Barnim erntet und aus denen unter anderem köstliche Säfte, Sirupe, Gelees, Fruchtaufstriche, Liköre und Weine entstehen. Jeden Samstag gibt es als kulinarisches Kennenlernangebot »Pilze aus der Pfanne«, selbstgemachte Getränke und hausgemachten Kuchen.

Erweitert wurde der Betrieb um eine Destillerie, in der ein London Dry Gin namens »Wolke 7«, der Kräuterbitter »halbsowild«, Vogelbeer-, Brombeer- und Hagebuttenbrand sowie Ingwer-, Kümmel- und Quittenlikör gebrannt werden. Abgefüllt wird ausschließlich in Mehrwegflaschen und -gläser. Für Gruppen können Verkostungen zu den Themen Kräuter und Liköre, Geist und Brand sowie Absinth und Gin gebucht werden.

Pilzhof und Destillerie Dr. Schulz, Dorfstr. 16, 16356 Krummensee
033438-672 77 · pilzhof@web.de • www.halbsowild.com
Freitag und Samstag 9–17 Uhr

16 Ökodorf Brodowin

Bio

Das Ökodorf Brodowin ist auch vielen ein Begriff, die selbst nie dort waren. Insbesondere die Milchprodukte, aber auch Obst und Gemüse von hier sind in vielen Biomärkten der Region Bestandteil des Sortiments. Der 1991 gegründete Betrieb gehörte zu den ersten Biohöfen in Ostdeutschland. Heute ist er mit einer Nutzfläche von über 1.450 Hektar, 1.600 Hühnern, 600 Milchrindern, 220 Milchziegen und eigener Molkerei wohl einer der größten Demeter-Betriebe Europas. Die Tiere leben fast ganzjährig im Freien und bekommen im Winter nur selbst produziertes Futter. Für die Hühner gibt es eigens mobile Hühnerwagen, die regelmäßig versetzt werden, damit sie immer frisches Grün im Auslaufbereich vorfinden.

Irritierender Weise ist das »Ökodorf Brodowin« keineswegs identisch mit dem Dorf Brodowin. Der größte Landwirtschaftsbetrieb des Ortes hat den Namen quasi gekapert – dank seiner Bekanntheit aber zweifellos zum Vorteil der übrigen Bewohner. Strömen doch nicht zuletzt wegen des »Ökodorfs« unzählige Besucher hierher, die sonst nie auf das »Dorf der sieben Seen« im Biosphärenreservat Schorfheide-Chorin aufmerksam geworden wären.

Im stilvoll eingerichteten Hofladen, der direkt an der Straße das Entrée zum Gelände mit den Kuhställen und der gläsernen Molkerei bildet, gibt es eine große Auswahl an Gemüse, Milch, Butter, Quark, Mozzarella, Käse, Eiern, Salami, Öl, Honig, Getreide und Saft aus eigener Produktion. Daneben wird ein umfangreiches Angebot an weiteren Bioprodukten verkauft. Im Laden und auf der Terrasse stehen Tische, an denen man Kaffee und Kuchen, Eis aus Brodowiner Ziegenmilch oder einen herzhaften Imbiss genießen kann.

Im Hofladen starten auch die Hofführungen, die im Sommer jeden Samstag stattfinden oder auch individuell gebucht werden können. Hier findet man zudem Informationen über weitere Sehenswürdigkeiten in Brodowin und Umgebung. So liegt mit dem Moorgebiet Plagefenn ganz in der Nähe das älteste Naturschutzgebiet Deutschlands, das in der Kernzone allerdings nicht betreten werden darf. Das gilt zum Glück nicht für die Ufer des nahe gelegenen Parsteiner Sees, das Schiffshebewerk Niederfinow oder das Kloster Chorin, dessen Klostercafé übrigens auch vom Ökodorf Brodowin bewirtschaftet wird. Auf solche Ausflüge muss freilich verzichten, wer die Produkte nur aus dem wohlsortierten Onlineshop zu sich nach Hause bestellt.

Man sollte Brodowin nicht verlassen, ohne den Einkauf in den anderen Hofläden des Ortes zu komplettieren, insbesondere im Hof Schwalbennest, im Wild-Hofladen Brodowin und bei Brodowinfisch. Wer länger in der seenreichen Gegend bleiben möchte, findet in Brodowin und Umgebung auch eine Reihe von Ferienwohnungen und Pensionen.

Ökodorf Brodowin, Brodowiner Dorfstraße 89, 16230 Brodowin
033362-600 22 hofladen@brodowin.de • www.brodowin.de
April bis Oktober: täglich 9–18 Uhr, November bis März: täglich 10–17 Uhr

17 Regionalladen Krumme Gurke

In der »Krummen Gurke« werden ausschließlich regionale Lebensmittel verkauft – von Senfgurken über Eierlikör bis hin zu Milch zum Selberzapfen, aber auch Obst und Gemüse der Saison, loses Getreide, Brot, Wildschwein-, Hirsch- und Rindersalamis und Fleisch von kleinbäuerlichen, meist biologischen Höfen. Im Angebot sind ebenfalls Seifen, Eingemachtes und Marmeladen sowie frische Quiches und Tartes. Der charmante Eckladen mit den prächtigen Jugendstilfliesen ist Einkaufsmöglichkeit und Kieztreff zugleich. Ruhlaer Straße 1, 16225 Eberswalde 03334-497 05 23 krummegurke@posteo.de Montag bis Freitag 9–18 Uhr, Samstag 9–13 Uhr

18 Selbstpflücke Elisenau – Pomona Gartenbau

Zur jeweiligen Saison kann man im Ahrensfelder Ortsteil Elisenau selbst Erdbeeren, Kirschen, Heidelbeeren, Johannisbeeren, Himbeeren, Brombeeren, Pflaumen, Äpfel und Birnen pflücken. Auch im Hofladen, der mit dem früheren Hofladen Blumberg fusioniert ist, gibt es das frische Obst zu kaufen – neben Marmeladen, Blumberger Kartoffeln, regionalem Gemüse, Nudeln, Spreewaldgurken, Wurst, Senf, Bier und weiteren Produkten regionaler Erzeuger. Helenenauer Weg 2, 16356 Elisenau 03338-75 71 33 info@pomona-gartenbau.de • www.pomona-gartenbau.de Dienstag bis Freitag 9–17.30 Uhr, Samstag 8–13 Uhr

19 Straußenfarm am Liebenstein

Familie Krampitz züchtet seit 2003 Strauße. Die Tiere werden in weitläufigen Gehegen und einem Offenstall gehalten und ohne Wachstumshormone ernährt. Im Hofladen gibt es Straußenfleisch (von Steak und Filet bis hin zu Innereien), Wurstwaren (wie Straußensalami, Leberwurst, Sülze oder Grillwürste), Straußeneier, leere Eierschalen, Staubwedel, Schmuckfedern, Ledererzeugnisse und Straußenleder, Plüschtiere und Schmuck. Weg zum Liebenstein 8, 16248 Hohenfinow 033458-302 59 / 0160-162 45 88 info@straussenfarm-liebenstein.de • www.straussenfarm-liebenstein.de Dienstag & Donnerstag 13–18 Uhr, Mittwoch & Freitag bis Sonntag 10–18 Uhr

20 Wild-Hofladen Brodowin

Der passionierte Jäger und Naturfreund Klaus Peter Schwendike betreibt seit über zehn Jahren einen kleinen Hofladen im Choriner Ortsteil Brodowin. Das Ergebnis seiner Jagdzüge durch die Landschaft des Biosphärenreservats Schorfheide-Chorin verkauft er in einem Anbau seines Hauses: Je nach Saison gibt es hier verschiedene Fleisch- und Wurstspezialitäten von Reh, Hirsch oder Wildschwein. Besucher des Ökodorfs Brodowin können hier, sofern sie keine Vegetarier sind, ihren Einkauf gut ergänzen. Brodowiner Dorfstraße 40 a, 16230 Brodowin 033362-712 32 / 0173-916 85 71 • www.wild-hofladen-brodowin.de Samstag 8–18 Uhr und nach Absprache

Märkisch-Oderland

Hühner auf dem Bauernhof Erz

❶ Bauernhof Erz

Hanna und Johannes Erz haben sich nach dem Studium von Ökolandbau und Vermarktung in Eberswalde entschlossen, die Theorie gleich in die Praxis umzusetzen. Seit 2015 bewirtschaften sie im Oderbruch im Haupterwerb ihren eigenen Bauernhof und beliefern mit ihren Produkten Bioläden und Restaurants in Berlin. Direkt ab Hof verkaufen sie Biogemüse, Biokartoffeln der Sorte Adretta und Goldmarie, Bioeier und Suppenhühner. Hauptstraße 7, 15328 Alt Tucheband 03360-13 78 033 bauernhof.erz@gmx.de • www.bauernhoferz.de Montag bis Samstag 8–19 Uhr

❷ Biohof Ihlow

Der Vierseithof von Marion Rothschild liegt mitten im malerischen Künstlerdorf Ihlow im Naturpark Märkische Schweiz. In einem ehemaligen Stallgebäude vermietet sie Ferienwohnungen und betreibt ein Café mit Bioladen. Hier kann man regionale Produkte kaufen, darunter Obst und Säfte von der eigenen Streuobstwiese, und sich selbstgebackenen Kuchen, frische Salate oder herzhafte Gerichte schmecken lassen. Im Sommer sitzt man draußen direkt am großen Dorfteich. Ihlower Ring 14, 15377 Ihlow 0173-844 52 16 marion.rothschild@biohof-ihlow.de • www.biohof-ihlow.de April bis Oktober: Freitag 12–19 Uhr, Samstag & Sonntag 10–19 Uhr

❸ Buckower Köstlichkeiten

Der von einer Genossenschaft betriebene Naturkostladen »Buckower Köstlichkeiten« befindet sich direkt am Marktplatz von Buckow. Das Angebot an regionalem Obst und Gemüse, Fleisch, Wurst, Käse, Eiern, Säften, Honig, Getreide, Nudeln ermöglicht eine kulinarische Entdeckungsreise durch die Märkische Schweiz. Daneben werden hausgemachte Suppen, Quiches, Kuchen, Kaffee und Tee serviert. Am Markt 8 (voraussichtlich ab Sommer 2020 wieder: Am Markt 5), 15377 Buckow 033433-15 60 12 buckower.koestlichkeiten@naturkontor-buckow.de • www.naturkontor-buckow.de Montag bis Donnerstag 9–18 Uhr, Freitag 9–20 Uhr, Samstag 9–16.30 Uhr

❹ Elkes Hofladen

Elke Krüger betreibt ihren rustikalen kleinen Hofladen direkt in der Küche ihres Hauses. Obst, Gemüse und Kartoffeln stammen aus eigenem Anbau, die Fruchtaufstriche (z. B. Quitte-Apfel-Holunder, Erdbeer-Banane, Birne-Rumrosine, Brombeer-Apfel, Quitte-Kürbis-Apfel oder Pflaumenmus) sind selbstgemacht. Honig und Senf aus dem Oderbruch kauft sie hinzu. Auf Bestellung bekommt man hier auch Kuchen und Torten. Angerstraße 19, 16259 Altwustrow 033457-56 49 info@elkes-hofladen.de www.elkes-hofladen.de Freitag 14–18 Uhr, Samstag 9–11 Uhr

5 Erlenhof im Oderbruch

Versteckt hinter einem Wäldchen, umgeben von Schafweiden und Feldern, liegt der Erlenhof mit seiner einladenden Blockhütte und einigen hölzernen Schäferwagen, in denen man übernachten kann. Im Hofladen geht es hier vor allem ums Schaf: Es gibt Fleisch und Wurst, von Frühjahr bis Herbst auch Schafskäse, dazu Wolle, handgestrickte Socken, Felle, Schafmilchseifen und Plüsch-Schäfchen. Im Sommer lädt das Hofcafé zu Kaffee und Kuchen ein. Kienitzer Oderstraße 51, 15324 Kienitz Nord 033478-389 80 info@erlenhof-im-oderbruch.de • www.erlenhof-im-oderbruch.de März/April bis Oktober: Donnerstag bis Sonntag 14–18 Uhr oder jederzeit gerne auf Anfrage

6 Flechtwerkstatt Roland Oppelt

Wer noch einen passenden Einkaufskorb für die nächste Landpartie braucht, ist beim Korbmachermeister Roland Oppelt gut aufgehoben. In seiner Werkstatt entstehen in traditioneller Handarbeit verschiedenste Körbe, Möbel und Gartendekorationen aus Weidengeflecht, die im Laden oder im angrenzenden Schaugarten bestaunt (und gekauft) werden können. Roland Oppelt bietet auch Flechtkurse an. Dahmsdorfer Straße 1, 15377 Waldsieversdorf 033433-60 07 info@flechtwerkstatt-oppelt.de • www.flechtwerkstatt-oppelt.de Montag bis Freitag vor- und nachmittags, Samstag nach Vereinbarung

7 Fontana Gartenbau

Manschnow ist die Heimat des »Oderbruchgemüses«. Neben Beet- und Balkonpflanzen baut die Fontana Gärtnerei hier auf mehreren tausend Quadratmetern beheizter Gewächshausfläche verschiede Sorten Tomaten und Gurken an. Ab März/April wird täglich frisch geerntet und (saisonal) im Verkaufsgewächshaus, ganzjährig in den Blumenläden in Manschnow und Seelow verkauft. Friedensstraße 23, 15328 Manschnow 033472-527 info@fontana.gartenbau.de • www.fontana-gartenbau.de Montag bis Freitag 8–17.30 Uhr, Samstag 9–12 Uhr (von März bis Mai auch im Verkaufsgewächshaus)

8 Gutshof Einklang

Seit 2014 bauen Sven Zyschka und Cord Gonsiorek »im Einklang mit der Natur« Gemüse, Früchte und Kräuter an und produzieren daraus in Handarbeit vegetarische und vegane Pestos, Chutneys, Brot- und Fruchtaufstriche sowie Obst und Kräuterlimonaden, die sie auf Wochenmärkten in Berlin verkaufen. Neben dem Hofladen betreiben sie in ihrem stilvoll restaurierten Gutshof ein Seminar- und Gästehaus und bieten Kochkurse und Schlemmermenüs an. Am Gutshof 8, 15374 Jahnsfelde 0172-713 57 19 sven.zyschka@googlemail.com • www.gutshof-einklang.de Donnerstag & Freitag 10–16 Uhr und nach Vereinbarung

9 Holzfein

In ihrem alten Dreiseithof im Oderbruch fertigen Gabriele und Frank-Peter Schauß aus ökologisch behandelten heimischen Hölzern kleine Möbel und stilvolles Kunsthandwerk wie Leuchter, Lichterengel, Schalen, Schmuck und Nützliches für die Küche an. Daneben hat sich mit Bienen, Gänsen, Hühnern, Tauben, Kaninchen und Schafen eine kleine Landwirtschaft entwickelt, weshalb das Sortiment sich von Zeit zu Zeit um Eier, Lammfleisch, Felle, Schafwolle, Honig, Kürbisse und Weihnachtsgänse erweitert.
Am Hauptgraben 1, 15306 Werbig · 03346-85 56 13 · kontakt@holzfein.de
www.holzfein.de · Nach Vereinbarung

10 Imkerei Lahres

Die Bioland-Imkerei von Fabian Lahres befindet sich in einem denkmalgeschützten Gutsgebäude in Garzau, am Rande des Naturparks Märkische Schweiz, wo die 700 Bienenvölker reichlich Nektar von Robinien sowie Wild- und Kornblumen vorfinden. Im Hofladen kann man verschiedene Honigsorten, Met und weitere Honigspezialitäten probieren und kaufen. Regelmäßig gibt es Hofführungen. Auf dem Gelände befindet sich auch ein Ferienhaus für bis zu sechs bieneninteressierte Gäste. Am Gutshof 3, 15345 Garzau · 0172-287 91 23 · kontakt@imkerei-lahres.de • www.imkerei-lahres.de
Freitag 9–17 Uhr

11 Jahnsfelder Landhof

Auf diesem 1991 gegründeten Bioland-Hof werden Getreide, Kartoffeln und verschiedene Obstsorten angebaut. Zudem leben hier in artgerechter Haltung Rinder, Schweine und Heidschnucken. Im Hofladen kann man dementsprechend Getreide, Kartoffeln, Wurst, Saft und Obst erwerben; Frischfleisch gibt es auf Bestellung; Kirschen, Äpfel, Pflaumen und Quitten können zur jeweiligen Erntezeit auch selbst gepflückt werden. Hofbesichtigungen sind nach Voranmeldung möglich. Obersdorfer Weg 11, 15374 Müncheberg OT Jahnsfelde · 033477-240 · prochnow.frank@web.de · Montag bis Freitag 7–16 Uhr sowie nach Vereinbarung

12 Kartoffelhof Neumann

Gerlind Neumann baut in dem Familienbetrieb, den ihr Vater seit 1991 aufgebaut hat, vor allem Kartoffeln an, darunter Frühkartoffeln, mehlige, festkochende oder vorwiegend festkochende Speisekartoffeln und einige alte Kartoffelsorten wie die französische La Ratte. Geerntet wird regelmäßig von Anfang Juli bis Ende Oktober, der Vorrat an Lagerkartoffeln reicht meist bis Mai. Im Hofladen gibt es auch Honig aus der Hobbyimkerei von Gerlind Neumanns Mann. Platzfelde 3, 16256 Falkenberg · 033454-434 13 · Montag bis Samstag 8–18 Uhr, Sonntag 8–12 Uhr

13 Milchschafhof Pimpinelle

Der Milchschafhof Pimpinelle liegt direkt an der alten Oder. In einem schönen Dreiseithof betreiben Amelie und Franziska Wetzlar dort ihre Käserei, in der sie in Handarbeit Käse, Joghurt, Quark und andere Köstlichkeiten herstellen. Im Hofverkauf gibt es neben verschiedenen Sorten Frisch- und Weichkäse auch Schnitt- und Hartkäse sowie Wurst- und Fleischspezialitäten von Lamm und Schaf, Lammfelle und Schafwolle, Apfelsaft und Walnüsse. Was nicht im Hofladen über die Theke geht, wird auf Märkten und in Bioläden der Region verkauft.

Die Schafsmilch stammt von den etwa 60 Krainer Stein- und Ostfriesischen Milchschafen, die fast das ganze Jahr über auf wechselnden Weideflächen grasen. In den Wintermonaten stehen die Tiere im Offen-Stall und werden mit hofeigenem Heu sowie Getreide und Futterrüben von Bio-Betrieben aus der Region gefüttert. In dieser Zeit werden die Schafe nicht gemolken, da sie ihre Lämmer austragen. Deshalb gibt es frische Milch – und dementsprechend frischen Käse – nur von April bis Oktober. In der übrigen Zeit wird der gereifte Schnitt- und Hartkäse verkauft, der aber auch eine Reise an die Oder wert ist.

Lindenstraße 20, 15320 Quappendorf
033476-60 68 24 hallo@milchschafhof-pimpinelle.de • www.milchschafhof-pimpinelle.de April bis Oktober: Freitag 16–18 Uhr, Samstag 10–13 Uhr, im Winter: nach Vereinbarung

14 Milchtankstelle Dannenberg

In der Milchtankstelle von Familie Petermann kann man täglich frische Biomilch zapfen. In einem Nebenraum bietet ein kleiner Hofladen neben hofeigenen Produkten wie Rindfleisch, Leberwurst, Salami und Rapsöl auch ein Angebot an regionalem Obst und Gemüse, Wurst aus dem Fläming und dem Barnim, Honig, Sanddorn, Schafspezialitäten, Eiern aus Wriezen und Senf aus Niederfinow. Birkenweg 16, 16259 Dannenberg 033458-64 90 12 petermann@produktivgesellschaft.de • www.der-dannenberger.de Milchtankstelle: täglich 7–19 Uhr, Hofladen: Dienstag & Mittwoch 10–17 Uhr, Donnerstag & Freitag 10–18 Uhr, Samstag 10–16 Uhr

15 Obstgut Franz Müller

Seit 1992 betreibt dieses Familienunternehmen den Anbau von Äpfeln, Spargel, Erdbeeren, Kirschen und Pflaumen, die zur jeweiligen Saison im Hofladen gekauft oder auch selbst gepflückt werden können. Daneben bekommt man hier auch weitere Produkte aus der Region wie hausgemachte Marmeladen und Gelees, Honig, Eier aus Boden- und Freilandhaltung, Aroniaprodukte, Wurstwaren vom Gut Kerkow, Säfte und Liköre. Dorfstraße 1, 15345 Wesendahl 03341-21 58 56 info@obstgut-franz-mueller.de www.obstgut-franz-mueller.de April bis Oktober: Montag bis Samstag 8–17 Uhr, Sonntag 10–14 Uhr, November bis März: Montag bis Samstag 8–16 Uhr

16 Oderbruch-Hof

Seit 2011 betreiben Manfred und Sylvia Nickel in Alt Tucheband den Oderbruchhof, auf dem sie mit ihren Ziegen, Gänsen und Bienen leben. Im Hofladen gibt es, je nach Saison, verschiedene Sorten Ziegenkäse aus der eigenen Käserei, Fleisch und Wurst von der Ziege, Ziegenfrischkäsepralinen, handgemachte Ziegenmilchseifen, Felle, Gemüse, Kräuter, Obst, Säfte, Eier, verschiedene Honigsorten und Bienenprodukte.
Rathstocker Straße 6, 15328 Alt Tucheband 033472-18 99 36 info@oderbruch-hof.de www.oderbruch-hof.de Freitag bis Sonntag 10–18 Uhr und nach Vereinbarung

17 Oderbruchscheune

In der Oderbruchscheune von Stepahn Kulke entstehen Schmuckunikate aus Holz, Keramik und Silber, die man in Ruhe bei einer Tasse Kaffee oder Tee betrachten, anprobieren und mit modischen Accessoires kombinieren kann. Wer später noch ein Souvenir aus dem Oderbruch mitnehmen möchte, findet hier auch Post- und Kunstkarten sowie handgerührten »Looser Senf« und andere regionale Produkte. Die Oderbruchscheune ist zugleich ein touristischer Infopunkt. Neulewin 142, 16259 Neulewin 033452-494 34 kontakt@oderbruchscheune.de • www.oderbruchscheune.de Ostern bis Oktober: Freitag bis Sonntag & feiertags 14–18 Uhr, November bis März: nach Absprache

18 Waldpferdehof

Der Waldpferdehof in Dahmsdorf wurde 2009 von Carmen Becker und Jan Sommer gegründet. Statt motorisierter Traktoren sind hier auf den Äckern und Feldern sechs Kaltblutpferde im Einsatz, was Boden und Ressourcen schont. Der Hof hat sich auch der Bewahrung alter Getreidesorten und dem Schutz bedrohter Ackerwildkräuter verschrieben. Im Hofladen bekommt man in der Saison Gemüse, Salat, Obst und Getreide in Demeter-Qualität. Am Weiher 6, 15374 Müncheberg OT Dahmsdorf 033432-99 97 66 post@waldpferdehof.de • www.waldpferdehof.de April bis Oktober: Samstag 9–18 Uhr, Sonntag 12–17 Uhr

19 Ziegenhof Zollbrücke

Seit 1998 betreibt Michael Rubin im Oderbruch seinen Ziegenhof, auf dem 200 Weiße Deutsche Edelziegen in einem großen Laufstall und auf naturbelassenen Weiden leben. Aus der Ziegenmilch entstehen hier Spezialitäten wie Frischkäse, Quark, Weichkäse, Eis, Milchreis und Pralinen. Daneben gibt es Salami, Leberwurst und (auf Vorbestellung) Ziegenfleisch. Auf Vorbestellung können auch Käseverkostungen und Brunchs organisiert werden. Zollbrücke 20, 16259 Oderaue 033457-50 65 / 0173-61 31 569 ziegenhof@gmx.de • www.ziegenhof-zollbruecke.de Montag, Dienstag, Donnerstag und Freitag 10–19 Uhr, Mittwoch 15–19 Uhr, Samstag & Sonntag 10–18 Uhr

Hofladen in Zollbrücke

Klosterbrauerei Neuzelle

Der Südosten

Oder-Spree
Dahme-Spreewald
Spree-Neiße
Oberspreewald-Lausitz

Berlin
Spree
Brandenburg an der Havel
Potsdam
Werder
Teltow
8
Kloster Lehnin
Kön
Wusterhaus
7
13
Ludwigsfelde
Nuthe
Trebbin
Bad Belzig
Luckenwalde
Jüterbog
2
10
Luc
Elbe
Sachsen-Anhalt
Herzberg
Finsterw
Sachsen
Bad Liebenwerda
Oder-Spree
Dahme-Spreewald
Spree-Neiße
Oberspreewald-Lausitz

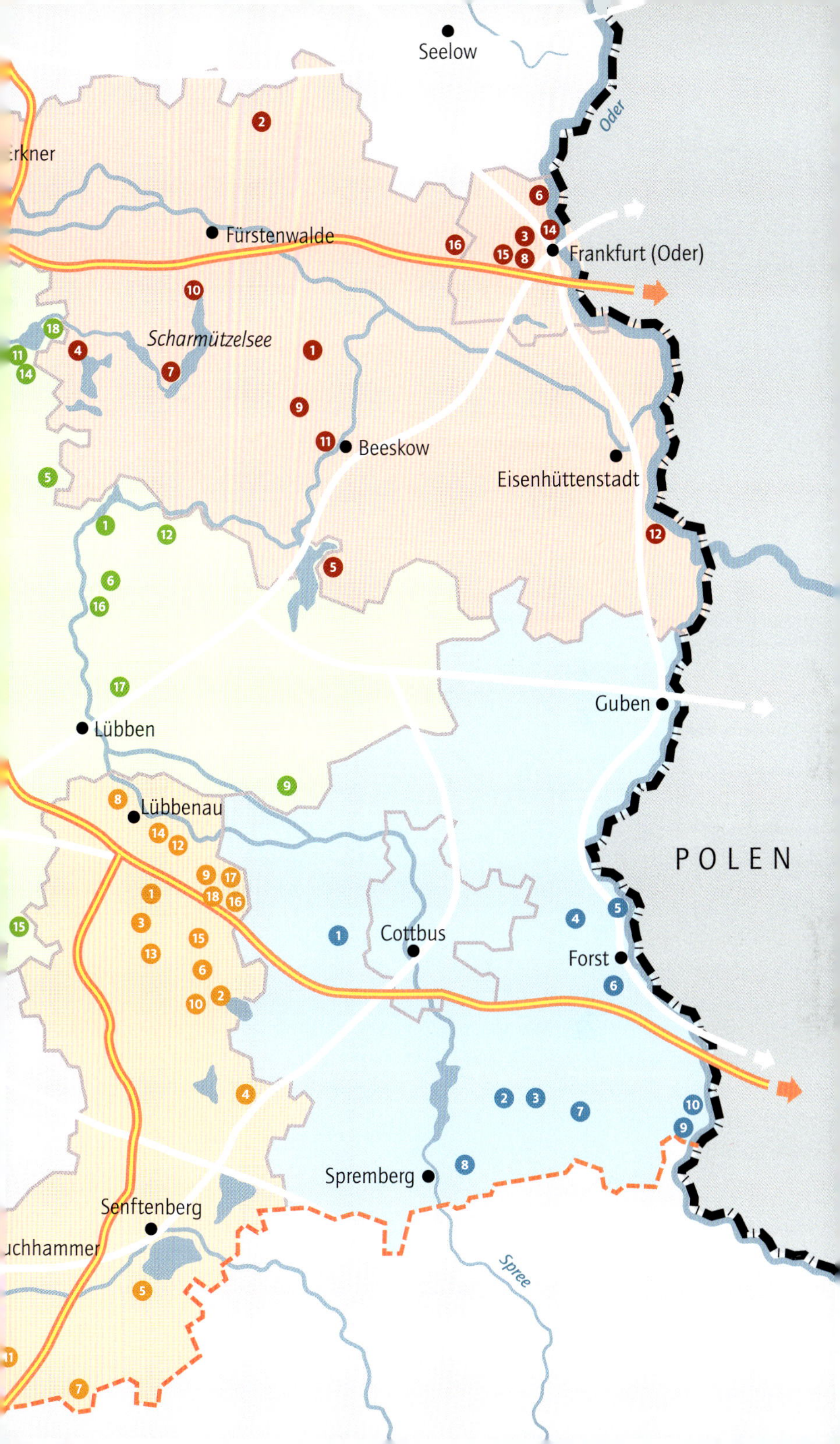

Seelow
Oder
rkner
Fürstenwalde
Frankfurt (Oder)
Scharmützelsee
Beeskow
Eisenhüttenstadt
Guben
Lübben
Lübbenau
POLEN
Cottbus
Forst
Spremberg
Senftenberg
uchhammer
Spree

Oder-Spree

Getreideernte auf dem Buchholzer Hof

❶ Bauernhof Schulze

Familie Schulze betreibt auf ihrem typisch brandenburgischen Vierseithof in Görzig inzwischen schon in vierter Generation Landwirtschaft. Auf den fruchtbaren Böden der Beeskower Platte werden hier derzeit unter anderem Kartoffeln, Sonnenblumen, Raps und verschiedene Getreidesorten angebaut, daneben hält Familie Schulze gut 100 Kühe, deren Milch die Kunden an einer »Milchtankstelle« selbst in Flaschen zapfen können. Dabei handelt es sich um Rohmilch, die weder homogenisiert noch pasteurisiert wird.

Die Kühe werden täglich in Gruppen gemolken, die Milch fließt durch Edelstahlrohre und landet in einem gekühlten Edelstahltank, aus dem sie in mitgebrachte oder vor Ort gekaufte Flaschen gefüllt werden kann. Im Hofladen verkauft werden auch Kartoffeln, Honig, Kürbisse, Äpfel und Heu. Auf Anfrage gibt es Hofführungen.

In Görzig gibt es eine hübsch restaurierte Dorfkirche aus dem 18. Jahrhundert zu sehen, die Kreisstadt Beeskow mit ihrer mittelalterlichen Burg ist nur acht Kilometer entfernt. Für Sportive bietet sich eine kulinarische Fahrradtour von Beeskow über Gut Hirschaue bis zum Bauernhof Schulze an (hin und zurück ca. 24 Kilometer).

Auch zum Scharmützelsee mit seinen zahlreichen Badestellen und der Bad Saarow-Therme ist es von Görzig aus nicht weit. Görziger Straße 67, 15848 Görzig 033672-207 / 0174-811 94 29 schulzegbr@web.de Montag bis Samstag 7–19 Uhr, Milchtankstelle: auch sonntags geöffnet

❷ Buchholzer MilchQuelle

Der Buchholzer Hof ist ein Familienbetrieb, auf dem 750 Milchkühe in einer Kombination aus Weidehaltung und Laufställen gehalten werden. Die Milch, die über einen Zapfautomaten vertrieben wird, hat einen Fettgehalt von 3,5 bis 4,5 Prozent und wird weder homogenisiert noch ultrahocherhitzt. Weitere Milchautomaten gibt es in Fürstenwalde, Hartmannsdorf, Grünheide, Bad Saarow, Storkow, Erkner, Großbeeren, Strausberg und in mehreren Edeka-Märkten in Berlin (Adressen auf der Website). Buchholzer Dorfstraße 23, 15344 Buchholz 033636-276 10 info@milchquelle.de • www.milchquelle.de Täglich rund um die Uhr

❸ Familienimkerei Zehm

Die kleine Familienimkerei von Maik Zehm existiert seit über 30 Jahren. Die Bienenvölker sind an unterschiedlichen Orten in Ostbrandenburg unterwegs und produzieren unter anderem Raps-, Robinien-, Linden-, Kornblumen-, Sonnenblumen- und Heidehonig. Die Imkerei arbeitet mit lokalen Bauern zusammen, bei denen die Bienen gern gesehene Gäste sind. Im Hofladen gibt es an die zwölf Honigsorten sowie Pflegeprodukte mit Honig und weitere Bienenprodukte. Klingetal 125, 15234 Frankfurt/Oder 0335-680 17 70 info@imkerei-zehm.de • www.imkerei-zehm.de Mittwoch 18–20 Uhr und nach Absprache

4 Fischerei Köllnitz

Das Naturschutzgebiet Groß Schauener Seenkette ist ein Paradies für seltene Vögel wie Fischadler, Rohrdommeln und Haubentaucher, aber auch für Wasserfrösche, Fischotter und Biber. Im Wasser tummeln sich zahlreiche Aale, Hechte, Karpfen und Zander, die nur an wenigen ausgewiesenen Stellen geangelt werden dürfen. Am einfachsten kommt man hier an frischen (und geräucherten) Fisch, indem man die Fischerei Köllnitz besucht. Dort kann man sich im Schatten alter Bäume auch gleich mit einem Fischbrötchen stärken. Mehr kulinarische Auswahl und eine sonnige Terrasse gibt es im nebenan gelegenen Restaurant »Köllnitzer Fischerstuben«.

Als Pächter der Heinz Sielmann-Stiftung betreibt die Fischerei ihr Handwerk extensiv und nachhaltig. Auf dem Gelände befindet sich auch ein kleines Museum, das die einzigartige Naturlandschaft über und unter Wasser vorstellt. Vom Parkplatz aus führt ein etwa 1,5 Kilometer langer Naturlehrpfad zu einem Aussichtsturm. Auf einem ausgeschilderten Rundwanderweg (ca. 35 Kilometer) kann man noch mehr von der Landschaft erkunden.

Die Fischerei vermietet auch Ruderboote (Reservierung: 0174-662 48 81).

Fischerei Köllnitz, Groß Schauener Hauptstraße 31, 15859 Groß Schauen
033678-620 06 • info@koellnitz.de • www.koellnitz.de • Im Sommer täglich 9–17 Uhr, im Winter täglich 9–16 Uhr

5 Fischers Hof

Der gelernte Fischer Mario Fischer bewirtschaftet am nördlichen Schwielochsee einen Landwirtschaftsbetrieb, der seiner Familie seit Generationen gehört. Neben dem Anbau von Getreide, Lein und Sonnenblumen hält er auch Salersrinder, Hühner, Enten und Gänse und betreibt weiterhin Fischfang und Fischräucherei. Im 2014 eröffneten Hofladen gibt es Fisch, Rindfleisch, Kartoffeln, Weihnachtsgeflügel und einige Produkte regionaler Partner. Niewisch 6, 15848 Niewisch 033676-53 17 / 0173-200 73 24 Freitag 14–18 Uhr, Samstag 9–18 Uhr

6 Fischladen Tusche

Zum Fischereirevier von Helmut Tusche gehören Teiche in der Oberlausitz, mehrere Seen im brandenburgischen Lietzen sowie die Booßener Teiche in Frankfurt an der Oder. Dort befindet sich auch der kleine Fischladen, in dem es ein breites Angebot an frischem Fisch gibt. Zander, Hechte, Forelle und Karpfen können noch lebend im Wasser ausgewählt und dann nach kurzer Wartezeit küchenfertig mitgenommen werden. Geräuchert wird über dem offenen Holzfeuer im Ofen vor dem Haus. Bahnhofsweg 9 c, 15234 Frankfurt/Oder 0336-052 04 fischzucht-rietschen@t-online.de • www.tusche-fisch.de Freitag 10–18 Uhr, Samstag 8–13 Uhr

7 Fischland Scharmützelsee

Auf dem Scharmützelsee, dem größten See Brandenburgs, betreibt die Storkower Fischgenossenschaft traditionellen Fischfang mit Reusen, Stell- und Zugnetzen. Verkauft werden im Hofladen – frisch oder geräuchert – hauptsächlich Zander, Aal und Hecht, aber auch Karpfen, Barsch, Schleie und Plötze. Von der überdachten Terrasse hat man einen schönen Blick auf den See. Im Angebot sind auch geführte Kutterfahrten, Mietboote und Ferienwohnungen. Schwarzhorner Weg 26, 15864 Wendisch Rietz 033679-310 info@fischland-scharmuetzelsee.de • www.fischland-scharmuetzelsee.de April bis Oktober: täglich 10–17 Uhr

8 Gronenfelder Werkstätten – BioLaden

Die Gronenfelder Werkstätten betreiben am nordwestlichen Stadtrand von Frankfurt Landwirtschaft und eine Gärtnerei. Hier werden nach Bioland-Richtlinien Gemüse, Kartoffeln, Gurken, Tomaten, Paprika, Kräuter und Obst angebaut sowie Rinder, Schweine und Legehennen gehalten. Die Produkte werden im eigenen Bioladen verkauft, der auch weitere Naturkost führt. Von Dienstag bis Freitag gibt es frisch gebackenes Brot. Gronenfelder Weg 22, 15234 Frankfurt/Oder 0335-683 89 40 bioladen@gronenfelder-werkstaetten.de • www.wichern-diakonie.de/produkte-und-dienstleistungen/einzelhandel Montag bis Mittwoch 14–18 Uhr, Donnerstag & Freitag 12–18 Uhr

9 Gut Hirschaue

Seit 1992 betreibt Familie Staar auf Gut Hirschaue ökologische Landwirtschaft und Tierhaltung. Auf knapp 200 Hektar leben hier über 1.000 Dam- und Rothirsche, Mufflons und Märkische Sattelschweine. Dank der abwechselnden Beweidung durch Wild und Schweine werden die empfindlichen Böden geschont. Die Tiere leben ganzjährig im Freien, werden in ihrer natürlichen Umgebung geschossen und dann in der hofeigenen Metzgerei verarbeitet. Im kleinen Hofladen gibt es Fleisch, Wurst, Hirschfelle und Geweihe, aber auch Honig, Säfte, Rotwein und Gewürze. In der Wildgaststätte, die seit 2010 bio-zertifiziert ist, steht neben Wildspezialitäten immer auch mindestens ein vegetarisches Gericht auf der Karte. Zusätzlich zum rustikal eingerichteten Innenraum mit 80 Plätzen lädt auch eine große Sommerterrasse zum Verweilen ein.

Jeden ersten Sonntag im Monat finden öffentliche Führungen durch die Gehege statt. Auf einem 3,5 Kilometer langen Rundweg kann man das Gelände aber auch auf eigene Faust erkunden. Am Wegesrand gibt es drei Aussichtsplattformen und mehrere Schautafeln. Ein Radwanderweg verbindet das Gut Hirschaue mit dem Schlaubetal und dem Scharmützelsee.

Gut Hirschaue, An der Hirschaue 2, 15848 Birkholz
03366-260 37 info@gut-hirschaue.de • www.gut-hirschaue.de
Freitag 13–18 Uhr, Gastronomie: Freitag bis Sonntag 11–18 Uhr

⑩ Hof Marienhöhe

Bereits 1928 wurde die Marienhöhe bei Bad Saarow biologisch-dynamisch bewirtschaftet. Die Erben von Erhard Bartsch, dem ersten Besitzer, schenkten die Flächen 1991 einem eigens gegründeten Verein, der es an die Hofgemeinschaft Marienhöhe verpachtet. Seither betreiben hier über 40 engagierte Menschen aus verschiedenen Generationen ökologischen Ackerbau und Viehzucht. Auf ursprünglich kargem Boden ist durch vielfältigen Anbau und spezielle Düngung sowie durch die Pflanzung von Feldhecken eine fruchtbare und abwechslungsreiche Landschaft entstanden. Auf dem Hof werden zahlreiche vom Aussterben bedrohte Rassen gezüchtet, etwa Deutsche Sattelschweine und Rotes Höhenvieh, das von Altdeutschen Hütehunden zusammengehalten wird. Schweine und Rinder werden in einer nahegelegenen kleinen Schlachterei getötet, in der dann Fleisch- und Wurstwaren nach Demeter-Richtlinien entstehen.

Zum Hof gehört auch eine Hofkäserei, in der aus der euterfrischen Rohmilch Speisequark, Frischkäse, Saure Sahne, Butter und verschiedene Käsesorten hergestellt werden. Aus pasteurisierter Milch werden Joghurt und Schlagsahne gemacht. Die anfallende Molke dient als Futter für die Schweine.

In der Hofbackstube wird jeden Tag Getreide aus eigenem Anbau und von anderen biologisch-dynamischen Höfen geschrotet und zu handgeformten Broten und Brötchen verarbeitet. So entstehen etwa Vollkornbrote aus Roggen- oder Dinkelschrot, Buchweizenbrot oder Ciabatta und Toastbrot aus Weizen. Für die

Sauerteigbrote kommt hofeigener Natursauerteig zur Anwendung, Hefeteige ruhen bis zu 15 Stunden, bis sie verarbeitet werden. Backtage sind Dienstag und Freitag.

Alle Produkte aus dem eigenen Anbau, der Schlachterei, der Käserei und der Backstube werden im Hofladen verkauft. Dort gibt es unter anderem Obst und Gemüse, Kartoffeln, Getreide, Salate, Kräuter, Schnittblumen, Apfelsaft von Streuobstwiesen, wöchentlich frisch gepresstes Leinöl, frische Rohmilch, Fleisch von Schwein, Rind und Kalb, Schinken, Speck, Leberwurst, Blutwurst, Bratwurst, Bierschinken und weitere Wurstsorten – fast alle gluten- und zuckerfrei. Daneben gibt es ein umfangreiches Angebot an Naturkost und Naturkosmetik, meist von regionalen Herstellern und aus biologisch-dynamischem Anbau. Die Hofgemeinschaft vertreibt ihre Produkte auch jeden Samstag auf einem Marktstand auf dem Chamissoplatz in Berlin-Kreuzberg.

Von April bis Oktober finden auf der Marienhöhe an jedem letzten Samstag im Monat thematische Hofführungen statt, immer im Mai gibt es einen Kräutermarkt und im Oktober kann man am »Möhren-Wochenende« (nach Anmeldung) bei der Ernte der Futtermöhren helfen. Wer die Anstrengung scheut, kann nach dem Hofladeneinkauf auch einfach einen Abstecher ins nahe Bad Saarow machen, gerne mit Dampferfahrt über den Scharmützelsee.

Hof Marienhöhe, Marienhöhe 3, 15526 Pieskow
033631-26 05 hofladen@hofmarienhoehe.de • www.hofmarienhoehe.de
Dienstag 15–18 Uhr, Freitag 10–18 Uhr, Samstag 9–12 Uhr, 24. Dezember bis 6. Januar geschlossen

⑪ Hahn's Imkerei

Direkt an der historischen Beeskower Stadtmauer befindet sich die Imkerei des Ehepaars Hahn, dessen Bienenvölker überwiegend in Beeskow und in Berlin umherschwirren, wo sie in Parks und Laubenkolonien ein vielfältiges Angebot an Nektar vorfinden. An ausgewählten Samstagen und Sonntagen werden im Hofladen Honig und weitere Bienenprodukte verkauft. Daneben gibt es auch Kaffee, Tee und leckeren Bienenstich. Ab Juni kann man den Imkern regelmäßig über die Schulter schauen. Mauerstr. 47, 15848 Beeskow 0160-634 81 48 info@hahns-imkerei.de • www.hahns-imkerei.de Juni bis September: Samstag 11–15 Uhr (weitere Termine auf der Webseite)

⑫ Klosterbrauerei Neuzelle

In Neuzelle wurde schon im Mittelalter Bier gebraut. Heute halten hier Helmut und Stefan Fritsche die Braukunst am Leben und produzieren neben dem bekannten Schwarzbier »Schwarzer Abt« auch Kreationen wie Kirsch-, Ginger-, Kartoffel-, Anti-Aging- oder Badebier. Verkauft wird vor Ort im Hofladen, wo es auch Biergelees, Bierkäse, Bierliköre, Bierschokolade und andere Produkte gibt. Brauereibesichtigungen werden täglich um 13 Uhr oder nach Vereinbarung angeboten. Brauhausplatz 1, 15898 Neuzelle 033652-81 00 fritsche@klosterbrauerei.com • www.klosterbrauerei.com Montag bis Freitag 9–18 Uhr, Samstag & Sonntag 10–17.30 Uhr

⑬ Manufaktur von Blythen

Ein altes Rezeptbuch inspirierte Martina Göldner-Kabitzsch, sich der Zubereitung essbarer Blüten zu widmen. In ihrer Manufaktur, die sich in den Räumen eines ehemaligen Postamts befindet, produziert sie aus biologisch angebauten Blüten Köstlichkeiten wie Veilchengelee, Magnoliensirup, Fliederblütenessig, Lavendelhonig, Jasmin-Pflaumen-Sauce oder Obstlikör mit Rosenblüten. Zu den Öffnungszeiten des Ladens haben auch der Blütengarten und das hübsch eingerichtete Café offen. Brandenburgische Str. 65, 15566 Schöneiche bei Berlin 030-648 49 027 info@von-blythen.de www.vonblythen.de Freitag 12–18 Uhr

⑭ Milchtankstelle Kliestow

An der Milchtankstelle der Agrar-Erzeugergemeinschaft Kliestow gibt es naturbelassene Rohmilch mit einem Fettgehalt von 3,8 bis 4,2 Prozent zum Selberzapfen. Ein ehemaliges Wiegehäuschen an der Zufahrt zum Betriebsgelände an der B 112 wurde mit schwarz-weißen Kuhflecken bemalt und beherbergt einen Milchautomaten mit vier 50-Liter-Tanks, die täglich frisch befüllt werden. Wer keine eigenen Behälter dabei hat, bekommt an einem separaten Automaten verschließbare Glasflaschen. Lebuser Chaussee 16, 15234 Frankfurt/Oder 0335-63 346 info@agrar-ffo.de Täglich rund um die Uhr

⓯ Obst- und Pferdehof Neumann

Zum Hof von Raik Neumann gehören etwa 25 Hektar Obstplantagen. Im Hofladen bekommt man je nach Saison vor allem Äpfel und Beerenobst, aber auch Gemüse, frische Milch zum Selbstzapfen, Eier, Honig, Tees und andere regionale Produkte. Erdbeeren, Blaubeeren, Himbeeren, Brombeeren und Aroniabeeren können zur jeweiligen Saison auch selbst gepflückt werden. Seit 2007 gibt es auf dem Hof auch Pferde, auf denen nach Anmeldung Reitstunden in Gruppen angeboten werden. Amsterdamer Straße 2, 15234 Frankfurt/Oder 0335-401 56 60 obsthof-neumann@web.de Montag bis Freitag 14–19 Uhr, Samstag 8–12 Uhr

⓰ Weingut Patke

Das Weingut Patke wurde 2017 von den Familien Jahnke und Lehmann gegründet. Auf 1,6 Hektar wachsen hier neun Weiß- und vier Rotweinsorten, die sich mit der geschützten Bezeichnung »Brandenburger Landwein« schmücken dürfen. Die Weine werden im eigenen Keller gekeltert und im Hofladen verkauft, wo es auch verschiedene Brände und weitere regionale Produkte gibt. Für Gruppen (ab 5 Personen) werden Führungen angeboten, auf Wunsch auch mit Weinverkostung. Kirchstraße 5, 15236 Pillgram 033608-33 77 info@weingut-patke.de • www.weingut-patke.de Mittwoch & Freitag 16–18 Uhr, Sonntag (nur April bis Oktober) 15–18 Uhr

Im Garten der Manufaktur von Blythen

Dahme-Spreewald

Kanow-Mühle Sagritz

1 Biolandhof Hohenbrück

Etwas versteckt am Rande des kleinen Ortes Hohenbrück im Unterspreewald hält die Familie Paetsch-Rebotzke auf 60 Hektar Legehennen und Masthühner in artgerechter Tierhaltung. Verkauft werden Eier und Geflügelfleisch immer freitags direkt ab Hof und auf Berliner Ökomärkten. Frischfleisch sollte vorbestellt werden. Eier aus Hohenbrück gibt es auch im Hofladen des nahe gelegenen Landguts Pretschen.
Zur Mühle 8, 15913 Hohenbrück 035473-616 kontakt@biolandhof-hohenbrueck.de www.biolandhof-hohenbrueck.de Freitag 9 – 12 Uhr und auf Berliner Wochenmärkten

2 Brennerei Sellendorf

Die Brennerei Sellendorf war im 18. Jahrhundert ursprünglich eine preußische Kartoffelbrennerei. Heute werden hier nach alten Hausrezepten Weizen und anderes Getreide aus eigenem Anbau zu Alkohol verarbeitet. Die anfallenden Restprodukte dienen als Futter für die eigene Rinderherde. Im Hofladen, der in den historischen Brennereigebäuden untergebracht ist, bekommt man in verschiedenen Flaschengrößen Weizenkorn, Kornbrand, Apfellikör sowie Kräuter- und Fruchtliköre. Dorfstraße 29, 15938 Sellendorf 035452-647 info@brennerei-sellendorf.de • www.brennerei-sellendorf.de Montag bis Freitag: 8 – 15.30 Uhr

3 Edelmond Chocolatiers

Seit 2012 produziert Familie Michel unter dem Label Edelmond Chocolatiers in Handarbeit Schokolade nach alten Rezepten. Aus fair gehandelten Biokakaobohnen, Biorohrzucker und Biovollmilchpulver entstehen verschiedenste Schokoladensorten – ohne Zusatz von Aromen, Konservierungs- oder Hilfsstoffen. Eine Spezialität ist die vegane Schokolade aus rohen Kakaobohnen. Edelmond-Produkte gibt es nur vor Ort, im Onlineshop und bei ausgewählten Partnern in Berlin und Brandenburg. Zöllmersdorfer Dorfstraße 4, 15926 Luckau 03544-558 91 04 info@edelmond.de • www.edelmond.de Montag bis Freitag 10 – 15 Uhr (bitte klingeln)

4 Gartenbau Leschnik

Die Brüder Jens und Michael Leschnik leiten den Gartenbaubetrieb, den ihr Vater 1988 gegründet hat. In großen Foliengewächshäusern wachsen hier vor allem Frühjahrsblüher, Beet- und Balkonpflanzen sowie Erdbeerpflanzen. Auf Freilandflächen werden Rucola, Feldsalat, Zucchini, Kürbis, Sellerie und Grünkohl angebaut. Eine Besonderheit ist das umfangreiche Kräuterangebot: Es gibt über 60 Sorten, von Argentinischer Minze und Ananassalbei bis hin zu Winterthymian und Zitronengras.
Bahnhofstraße 5a, 15938 Drahnsdorf 035453-227 jensleschnik@freenet.de www.gartenbau-leschnik.de.rs Montag bis Freitag: 8 – 18 Uhr Samstag: 9 – 12 Uhr

5 Gläserne Molkerei

Die Gläserne Molkerei ist ein Bio-Betrieb, der im mecklenburgischen Dechow und im brandenburgischen Münchehofe nach Demeter-Richtlinien Trinkmilch, Butter, Joghurt und Käse herstellt. In Münchehofe können Besucher im Rahmen einer Führung durch Glasscheiben bei der Molkereiproduktion zuschauen und sich über die Entstehung der verschiedenen Produkte informieren. Eine rechtzeitige Anmeldung zu den Führungen ist erforderlich. Zum Betriebsgelände in Münchehofe gehört auch ein 1.500 Quadratmeter großer Themengarten, in dem zur Freude zahlreicher Bienen und Schmetterlinge verschiedene Arten Kräuter, Getreide, Gemüse, Tee und Heilpflanzen wachsen.

Ein Stück von Molkerei und Garten entfernt befindet sich an der Straße der Hofladen, in dem es alle Eigenprodukte der Gläsernen Molkerei, aber auch weitere Naturkost und Naturkosmetik zu kaufen gibt. Ein kleines Bistro bietet belegte Brötchen, Kuchen, Gebäck sowie Kaffee und Tee an, die bei schönem Wetter auch draußen im Gartencafé verzehrt werden können.

Von der Molkerei aus lohnt ein Spaziergang zur historischen Dorfkirche von Münchehofe.

Gläserne Molkerei, Hauptstraße 10, 15748 Münchehofe
033760-20 77 50 hofladen@glaeserne-molkerei.de • www.glaeserne-molkerei.de
Montag bis Freitag 9–18 Uhr, Samstag: 9–13 Uhr

6 Hofladen Dürrenhofe

In nüchterner Landhandel-Atmosphäre verkauft die Agrarhandel und Service GmbH Dürrenhofe in ihrem Hofladen frisches Obst und Gemüse, Sämereien, Pflanzen und Spreewaldprodukte wie Nudeln, Eier, Wurstwaren, Gurken, Obstkonserven und Säfte. Je nach Saison gibt es hier zum Beispiel Spargel, Getreide, Mais, Kartoffeln, Möhren, Topinambur sowie rote und weiße Beete. Zusätzlich werden Tierfuttermittel verkauft. Lübbener Straße 7a, 15913 Dürrenhofe 035472-661 43 info@agrarhandel-duerrenhofe.de • www.agrarhandel-duerrenhofe.de Montag bis Freitag 8–18 Uhr, Samstag 8–12 Uhr, während der Spargelzeit auch Sonntag 8–12 Uhr

7 Hofladen Ragow

Der Hofladen der Märkischen Agrargenossenschaft Mittenwalde in Ragow ist mit einer Verkaufsfläche von 400 Quadratmetern und mit einem breiten Angebot an Lebensmitteln und Getränken eher ein kleiner Supermarkt. Vor allem Speisekartoffeln, Zwiebeln und Futtermittel stammen hier aus eigener Produktion, viele andere Produkte von regionalen Herstellern. Von Oktober bis April wird alle zwei Wochen Rindfleisch aus eigener Aufzucht vakuumverpackt verkauft. Gartenstraße 2a, 15749 Ragow 033764-24 42 02 schmidt@magmittenwalde.de • www.magmittenwalde.de Montag bis Freitag 7–18 Uhr Samstag 7–12 Uhr

8 Hofladen Sauerwald

Von Kai Sauerwalds Hofladen und Café aus blickt man direkt auf die Start- und Landebahnen der Flughäfen Schönefeld und BER. Viele Gäste kommen hierher, um Flugzeuge zu beobachten und sich zwischendurch bei Hausmannskost oder frisch gebackenem Kuchen zu stärken. Das Café ist auch bei Motorradfahrern sehr beliebt. Im Hofladen gibt es Obst, Gemüse, Milch, Käse, Wurst, Honig und andere regionale Produkte. Wiesenweg 1, 12529 Selchow 03379-99 82 57 • www.hofladen-sauerwald.de April bis Oktober: Montag bis Donnerstag 8–20 Uhr, Freitag 8–21 Uhr, Samstag 9–21 Uhr, Sonntag 11–20 Uhr, Oktober bis März: Montag bis Freitag 8–18 Uhr, Samstag 9–18 Uhr, Sonntag 11–18 Uhr

9 Holländerwindmühle Straupitz

Die Straupitzer Windmühle ist zugleich Getreide-, Öl- und Sägemühle. Ein Verein betreibt das aufwändig restaurierte Denkmal als Museum und Produktionsstätte. Hauptprodukt ist das Spreewaldgold-Leinöl, das hier im Mühlenladen neben Leinkuchenmehl und Mühlenbrot verkauft wird. Im Restaurant gibt es Kuchen und kleine Gerichte. Laasower Strasse 11a, 15913 Straupitz 035475-169 97 bestellung@windmuehle-straupitz.de • www.windmuehle-straupitz.de Mai bis September: Montag bis Freitag 9–18 Uhr, Samstag & Sonntag 10–18 Uhr, November bis März: Montag bis Freitag 9–17 Uhr, Samstag 10–16 Uhr, April & Oktober: Dienstag bis Freitag 9–18 Uhr, Samstag & Sonntag 10–18 Uhr

⑩ Kanow-Mühle Sagritz

Idyllisch an einem Mühlteich liegt die Kanow-Mühle, die als Familienbetrieb schon in siebter Generation betrieben wird. Hier werden an die 20 verschiedene Naturöle in höchster Qualität kaltgepresst. Die Maschinen dafür hat Mühlenchef Christian Behrendt nach historischen Vorbildern nachbauen lassen. Die Produktion kann durch eine Glasscheibe beobachtet werden. Im Hofladen gibt es viele weitere regionale Produkte wie z. B. Mehl, Nudeln, Spreewälder Gurken, Liköre, Honig, Senf, Pesto und Gewürze. Kanow-Mühle 1, 15938 Golßen 035452-507 info@kanow-muehle.de www.kanow-muehle.de Montag bis Freitag 8–17 Uhr, Samstag 8–12 Uhr

⑪ Kräuter- und Naturhof Kolberg

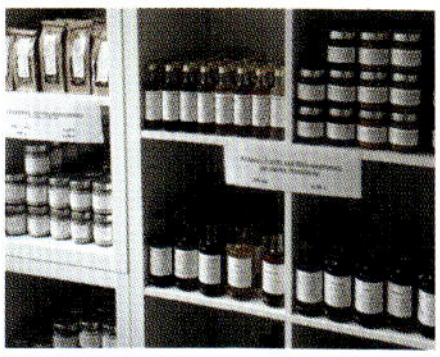

Im Kräuterhofladen von Ute Bernhardt gibt es über 100 verschiedene Produkte – von Salzmischungen, Spirituosen aus Kräutern und Blüten, Tees, Essigen, Vinaigrettes, Honig mit Kräutern, Chutneys, Frucht-, Kräuter- oder Blütenaufstrichen bis hin zu naturheilkundlichen Kräuteressenzen. Außerhalb der Öffnungszeiten bietet die ausgebildete Kräuterpädagogin Seminare, Workshops, Wellness-Angebote, gemeinsames Waldbaden und geführte Wanderungen an. An der Dabernack 2, 15754 Kolberg 0172-991 57 54 kraeuterundnaturhof@gmail.com • www.kräuterundnaturhof.de Mai bis September: Samstag & Sonntag 10–17 Uhr, Oktober bis April: Samstag & Sonntag 10–16 Uhr

⑫ Landgut Pretschen

Zum Landgut Pretschen gehören 820 Hektar Ackerland, Weiden und Wald, die nach Demeter-Standards bewirtschaftet werden. Das Gut hält rund 270 Milchkühe und erzeugt Leinöl, Leindotteröl, Linsen, Chicorée, Tomaten, Salat und Gurken. Der Hofladen im historischen Gutsgebäude bietet Wurst und Fleisch von Kalb, Rind und Schwein, Rohmilch, Käse und Quark, Brote, Chicorée (von September bis Mai), Chicorée-Wurzelbrand, Eier und Honig aus der Region sowie weitere Bioprodukte. Am Landgut 2, 15913 Märkische Heide 035476-175 16 info@landgut-pretschen.de • www.landgut-pretschen.de Dienstag 14–18 Uhr, Freitag 10–12 & 14–18 Uhr, Samstag 9–12 Uhr

⑬ Märkischer Lamahof

Auf dem Hof von Anita Selig-Smith werden Wanderungen und therapeutische Begegnungen mit Lamas und Alpakas angeboten. Im Hofladen gibt es Garne, Socken, Handschuhe, Mützen, Seifen, Plüschtiere und Wohnaccessoires wie Decken und Kissen – alles vollständig aus Lama- oder Alpakawolle hergestellt. Auf Wunsch gibt es auch Sonderanfertigungen. Wer die Patenschaft für eines der Hoftiere übernimmt, bekommt 10 Prozent Rabatt auf die Hofladenprodukte. Freiherr-von-Loeben-Str. 2, 15749 Schenkendorf 03375-52 45 02 / 01522-875 26 53 info@zadik-lamas.de • www.zadik-lamas.de Ganzjährig nach Vereinbarung

⑭ Milchschafhof Streganz Berg

Seit 2012 betreibt Mathias Strauch diesen Biohof am Rande des Naturparks Dahme-Heideseen. Seine Ostfriesischen Milchschafe leben in ganzjähriger Freilandhaltung. Aus der Schafmilch werden in Handarbeit täglich frisch Salzlakenkäse, Frischkäse und im Glas gereifter Joghurt hergestellt. Im Hofladen gibt es zusätzlich Fleisch, Wurst und Schinken von Lamm oder Schaf, Wildfleisch aus regionaler Jagd sowie Schaffelle und Wolle. Streganzberg 6, 15754 Streganz 033768-20 80 09 / 0176-963 86 510 www.milchschafhof-streganzberg.de Mai bis Dezember: Freitag 14 –18 Uhr, Samstag 11–18 Uhr, Januar bis April: nach Absprache

⑮ Ökologische Teichwirtschaft Fürstlich Drehna

Matthias Gramsch leitet dieses Familienunternehmen, das seit 1952 Teichwirtschaft im Raum Fürstlich Drehna und Golßen betreibt. Zurzeit werden etwa 30 Teiche im Naturpark Niederlausitzer Landrücken bewirtschaftet. Aus eigener Produktion gibt es im Hofladen (ganz oder als Filet) Wildkarpfen, Karpfen, Hecht, Schlei, Zander und Barsch. Der Lachs kommt aus Norwegen. Geräuchert wird über Erlen- und Buchenholz. Alte Calauer Str. 21, 15926 Fürstlich Drehna 035324-385 19 / 035324-443 teichwirtschaft-drehna@t-online.de • www.teichwirtschaft-fuerstlich-drehna.de Oktober bis Ostern: Freitag 10 –17 Uhr

Schafe vor dem Milchschafhof Streganz Berg

16 Spreewood Distillers

Im kleinen Spreewalddorf Schlepzig wird seit 2003 Whisky gebrannt. 2016 übernahmen die drei »Spreewood Distillers« Sebastian Brack, Bastian Heuser und Steffen Lohr die älteste Destillerie Brandenburgs und produzieren hier seither den mehrfach ausgezeichneten »Stork Club Whisky«, »Butterbird Rum«, »Humboldt Gin« und verschiedene Liköre und Brände.

Auf einer Fläche von 1.500 Quadratmetern erstreckt sich in Form eines Vierseithofs das Ensemble aus Destillerie, Café mit Hofladen, Whiskyscheune mit Seminar- und Veranstaltungsräumen, einem schönen Innenhof und einer Kahnterrasse mit Anlegestelle. Im gemütlichen Hofcafé – und bei schönem Wetter auf dem Innenhof – gibt es Kaffeespezialitäten mit Bio-Milch aus der Gläsernen Molkerei in Münchehofe, selbstgemachtes Eis, frisch gebackene Kuchen oder Bockwurst vom lokalen Fleischer und leckere Schmalzbrote. In den Sommermonaten werden draußen auch frisch gezapftes Bier, Cocktails und Gegrilltes serviert. Nach Voranmeldung kann man an einer etwa einstündigen Führung durch die Brennerei mit anschließender Whiskyverkostung teilnehmen.

Spreewood Distillers, Dorfstraße 56, 15910 Schlepzig
035472-659142 info@spreewood-distillers.com • www.spreewood-distillers.com
April bis Oktober: Montag bis Sonntag 10–17 Uhr, November bis März: Donnerstag bis Sonntag 10–17 Uhr

17 Wildkauf Schultka

Seit 2001 bekommt man in diesem unscheinbaren Laden Wurst und Fleisch von Wildschweinen, Rehwild und Hirschen. Das Wild, das von Förstern und privaten Jägern aus der Region erlegt wurde, wird hier in haushaltsgerechten Portionen angeboten. Hundert Meter weiter stadtauswärts auf der anderen Straßenseite gibt es einen Hofladenverkauf, der im Herbst mit einer fantasievollen Kürbisausstellung lockt. – In Lübben lohnt ein Besuch der Schlossinsel mit dem Renaissanceschlösschen, Spazierwegen, Labyrinth, Klanggarten und Wasserspielplatz. Frankfurter Str. 82 a, 15907 Lübben 03546-72 30 Montag bis Donnerstag 9 – 16 Uhr, Freitag 9 – 17 Uhr

18 Ziegenhof Heidesee

Auf dem Ziegenhof von Birgit Preiss gibt es Ziegenmilch, in Handarbeit hergestellten Ziegenkäse, Wurst und Fleisch von Weideziegen, Rosswurst und regionale Produkte wie Säfte, Honig, Schafmilchseife, Obst, Gemüse und frische Kräuter. Zu den Öffnungszeiten werden zudem Kaffee und Kuchen sowie Hausmannskost aus der Gulaschkanone oder vom Grill serviert. Neben den Ziegen leben auf dem Hof noch Schweine und Waschbären. Am Werder 1, 15754 Wolzig 0178-834 76 08 birgit.preiss@ziegenmutter.de • www.ziegenhof-heidesee.de Samstag & Sonntag 11 – 18 Uhr

Im Lager der Spreewood Distillers

Spree-Neiße

Ziegen vom Ziegenhof Pusack

❶ Biohof Auguste

Dieser Hof wird von Menschen mit seelischer Behinderung nach Naturland-Richtlinien bewirtschaftet. Im Hofladen gibt es saisonales Biogemüse, Eier sowie ganzjährig geschlachtete Suppenhühner, Hähnchen und Gänse. Daneben ist ein kleines Bioladensortiment, zum Teil aus der Region, vorhanden. Ströbitzer Straße 31, 03099 Kolkwitz 0355-355 41 880 oder 0151-163 43 065 biohof@lebenshilfe-handinhand.de www.lebenshilfe-handinhand.de/de/leistungen/biohof-auguste.html April bis Dezember: Dienstag bis Donnerstag 10–15 Uhr, Freitag 9–18 Uhr, Samstag 9–14 Uhr, Januar bis März: Montag bis Donnerstag 10–15 Uhr, Freitag 9–16 Uhr

❷ Gut Neu Sacro

Am Rande der Rosenstadt Forst liegt das geschichtsträchtige Gut Neu Sacro. Der Hofladen verkauft hier neben Wild-, Rind- und Schweinefleisch aus eigener Produktion auch selbstgebackenes Brot, Milch, Schafs- und Ziegenkäse, Eier, Marmeladen, Schokolade, Weine, Naturseife und andere regionale Erzeugnisse. Es gibt auch ein Bistro, ein Restaurant, eine große Sonnenterrasse, einen Streichelzoo und eine Strohhüpfburg. Neu Sacro 13, 03149 Forst (Lausitz) 03562-691 05 210 info@gut-neusacro.de www.gut-neusacro.de Januar bis März: Montag bis Mittwoch 9–15 Uhr, Donnerstag bis Samstag 9–16.30 Uhr, April bis November: täglich 8–18 Uhr

❸ Kartoffelhalle der Agrargenossenschaft Forst

Die Agrargenossenschaft Forst betreibt auf über 2.400 Hektar in großem Stil Ackerbau und Viehzucht. Täglich werden hier in der Kartoffelhalle verschiedene Kartoffelsorten wie Solara, Vineta, Nicola oder Agila verkauft. Daneben ist eine Auswahl von Fruchtsäften aus der Oberlausitz im Angebot. Rindfleisch aus eigener Produktion gibt es etwa alle 14 Tage. Die Termine dafür werden im Internet veröffentlicht, eine Vorbestellung ist erwünscht. Kölziger Weg 3, 03149 Forst (Lausitz) 03562-6975890 ag-forst@web.de www.ag-forst.de Täglich 8–16 Uhr (Kartoffeln), Fleisch alle 14 Tage

❹ Obstbau Angelika Rademacher

Angelika Rademacher baut nördlich von Sonnewalde Äpfel und Kirschen an. Beides wird regelmäßig – neben anderen regionalen Produkten wie Kartoffeln, Säften, Honig und Eiern – am Verkaufsstand in Döbern angeboten. Vor dem Hof in Preschen (Am Gut 5) hat im Sommer ein »Radlerstützpunkt« geöffnet. Termine und Orte zum Obst-Selberpflücken werden im Internet veröffentlicht. Forster Str. 65, 03159 Döbern (Verkaufsstand) 035600-311 55 / 0172-270 95 42 arademacherobstbau@freenet.de www.obstbau-rademacher-online.de In der Saison: Montag und Freitag 8.30–12.30 Uhr, Dienstag und Donnerstag von 8.30–17.30 Uhr

5 Spreewald-Mosterei

Diese traditionsreiche Mosterei produziert aus regionalem Obst zahlreiche verschiedene Säfte, Weine, Liköre und Gelees, die im eigenen »Saftladen« verkauft werden. Eine kleine Ausstellung gibt zusätzlich Einblick in die Geschichte der Saftherstellung. Wer länger im Spreewald bleiben möchte, findet hier auch Ferienwohnungen unter dem Motto »Schlafen im Weinfass«. Naundorfer Str. 2, 03096 Burg/Spreewald 035603-392 info@spreewald-mosterei.de • www.spreewald-mosterei.de April bis Oktober: Montag bis Freitag 8.30–17.30 Uhr, Samstag 8.30–15.30 Uhr, November bis März: Montag bis Freitag 9–16 Uhr, Samstag 9–13 Uhr

6 Ziegenhof Pusack

Auf dem Ziegenhof Pusack werden neben Ziegen auch Rinder, Schweine, Schafe, Hühner, Enten und Gänse gehalten. In der Käserei entstehen aus der Ziegenmilch verschiedene Sorten Schnittkäse, Camembert, Feta und Frischkäse, die im Verkaufswagen vor dem Hof angeboten werden. Nach Anmeldung kann man bei der Käseherstellung zuzusehen. Es gibt auf dem Hof eine Ferienwohnung, man kann aber auch im Zelt oder Wohnmobil hier nächtigen. Pusack 4, 03159 Pusack 035600-231 55 / 0173-909 11 04 info@ziegenhof-pusack.de • www.ziegenhof-pusack.de Ostern bis Ende November: täglich geöffnet (ggf. klingeln), Einkehr nur Samstag und Sonntag

7 Ziegenhof »Zur Wolfsschlucht«

Der kleine Ziegenhof von Klaus-Bernd Günther liegt idyllisch direkt am Oder-Neiße-Radwanderweg fast an der Grenze zu Polen. Aus der rohen Milch der gut 20-köpfigen Herde aus Weißen Deutschen Edelziegen werden hier verschiedene Frisch-, Weich- und Hartkäse hergestellt, die vor Ort gekauft oder im hofeigenen Gartenlokal verspeist werden können. Der gastfreundliche Ziegenwirt erläutert gerne die verschiedenen Käsesorten, die er täglich frisch aus Rohmilch von den eigenen Ziegen herstellt. Zum Angebot gehören ein handgeschöpfter Frischkäse, wahlweise mit Kräutern oder pur, der »bärtige Pusacker« mit weißem Camembertschimmel, ein in Holzasche gereifter Weichkäse namens »Pyramide«, in Asche oder Pfeffer gerollte »Trüffel«-Kugeln, die halbfeste, mit Rotkultur versetzte »Rotunde« und der mit Rotwein versetzte »rote Pusacker«, der mindestens zwei Monate reift, bevor er verkauft wird.
Aufgrund der saisonal unterschiedlichen Beschaffenheit der Ziegenmilch schmeckt jeder Käse hier immer wieder anders. Auch die Verfügbarkeit der einzelnen Sorten variiert. Zum Käseteller werden Kaffee, Apfelsaft von der Streuobstwiese oder Wein aus Guben und vom Marbacher Wolfshügel ausgeschenkt. Man kann aber auch einfach nur Käse mit nach Hause nehmen, genauso wie verschiedene Chutneys und saisonal (auf Vorbestellung) auch Fleisch und Wurst. Pusack 1, 03159 Pusack 035600-317 53 info@ziegenhof-wolfsschlucht.de • www.ziegenhof-wolfsschlucht.de März bis September: Mittwoch bis Sonntag 11–18 Uhr, Montag und Dienstag auf Anfrage

Oberspreewald-Lausitz

Spielplatz der Confiserie Felicitas

1 Angerhof Bischdorf

Der ökologisch bewirtschaftete Angerhof unterhält einen kleinen Hofladen, in dem ganzjährig Milchprodukte sowie Fleisch- und Wurstwaren wie Leberwurst, Salami, Schinken oder Spanferkel angeboten werden. Vorbestellung ist ratsam. Der Hof ist kinderfreundlich und bietet Traktor- und Kremserfahrten zum Bischdorfer See und auf die Slawenburg nach Raddusch an. Außerdem sind Übernachtungen in einer Ferienwohnung oder im Heuiglu möglich. Bischdorfer Dorfstraße 14 a, 03222 Bischdorf 03541-87 17 77 / 0171-301 75 22 bp-sassleben_richter@web.de www.angerhof-bischdorf.de Freitag ab 14 Uhr

2 Apfelhof Laasow

Im Hofladen seines großen Obstgartens mit über 30 alten Sorten verkauft Andreas Haupt Obst, Säfte, Sirup, Wein und Marmeladen sowie Honig aus eigener Imkerei. Das kleine Dorf Laasow bietet noch ein Kunsthaus, ein verfallenes Schloss der Familie von Zitzewitz und eine Strandbar am nahe gelegenen Gräbendorfer See. Mehr zu sehen gibt es im zehn Kilometer entfernten Vetschau. Ein Abstecher lohnt auch zur Slawenburg Raddusch. Laasower Dorfstraße 29, 03226 Laasow 035436-40 20 laasow-haupt@t-online.de Täglich geöffnet

3 Bauernhof Rademacher

Der Bauernhof der Familie Rademacher ist seit über 100 Jahren in Familienbesitz. Auf dem Hof, der am Rande des Spreewalds an der L55 zwischen Lübbenau und Calau liegt, leben Rinder, Hühner, Kaninchen und Bienen. Im kleinen Verkaufswagen unter der großen Hoflinde gibt es ganzjährig verschiedene Honigsorten, Eier aus Freilandhaltung, Kartoffeln, Kerzen sowie von Juli bis Oktober Tomaten und von September bis Januar Äpfel und Birnen zu kaufen. Kirschallee 3, 03205 Mlode 03541-80 17 19 anne.rademacher@gmx.de • www.rademachers-bauernhof.de Täglich geöffnet (Kasse des Vertrauens)

4 Bauernhofladen Lindchen

Der Agrarbetrieb Ressen/Lindchen bietet in seinem Bauernhofladen Kartoffeln, Getreide und Gemüse aus eigener Produktion, Wurstkonserven aus Bronkow, Honig sowie Lausitzer Keramik an. Verkauft werden auch Schokolade aus der Confiserie Felicitas, Blumen und in der Saison Erdbeeren aus Missen und Spargel aus Kolkwitz. An einem Automaten kann man pasteurisierte Frischmilch von den Kühen der Agrargenossenschaft Drebkau zapfen. Buchholzer Weg 5, 03103 Neu-Seeland 035751-207 75 gk-lwb-ressen@web.de Montag bis Freitag 8–18 Uhr, Samstag 8–12 Uhr

5 Confiserie Felicitas

Die gebürtige Belgierin Goedele Matthyssen betreibt gemeinsam mit ihrem Mann Peter Bienstman seit 1992 im kleinen Dorf Hornow in der Lausitz die Schokoladenmanufaktur Confiserie Felicitas. Aus belgischer Rohschokolade entstehen hier in Handarbeit vielfältige Pralinen, Figuren, Tafeln und individuell beschriftete Karten.

Aufgrund der großen Nachfrage wurde 2014 neben der Manufaktur das SchokoLadenLand eröffnet, in dem ein großer Verkaufsraum, eine Mitmach-Schauwerkstatt und das gemütliche Felicitas-Café untergebracht sind. In der Mitmachwerkstatt kann man sich nach Voranmeldung selbst als Chocolatier versuchen. Im Café gibt es hausgebackene Torten, Pralinen, Eis und Trinkschokolade, aber auch kleine herzhafte Gerichte aus regionalen Produkten. In einem kleinen Kino läuft ein Film über die Entstehungsgeschichte der Schokoladen-Manufaktur.

Draußen laden ein Kinderspielplatz, ein Streichelzoo und eine große Spielwiese die Kleinen zum Spielen ein. Die Confiserie Felicitas hat auch Filialen in Potsdam und Dresden.

Confiserie Felicitas, Schokoladenweg 1 (ehem. Dorfstr. 15), 03130 Hornow
035698-80 55 50 · info@confiserie-felicitas.de • www.confiserie-felicitas.de
Montag bis Samstag 8–18 Uhr, Sonntag 14–18 Uhr

6 Der kleine Hofladen

Als Ergänzung zum eigenen Bauernhof vertreibt Familie Dörry in einem liebevoll eingerichteten Hofladen selbst gebackenes Brot und Kuchen, Wurst, Butter und Schmalz aus eigener Herstellung sowie Obst, Gemüse, Käse, Honig, Marmeladen, Wein und Liköre von Produzenten aus der Umgebung. Zu finden sind die Produkte auch auf Wochenmärkten in Cottbus, Spremberg, Weißwasser und Hoyerswerda. Der Laden liegt direkt an der Spremberger Straße und in unmittelbarer Nähe zur Confiserie Felicitas.

Schulstraße 1a, 03130 Hornow 035698-80 56 92 derkleinehof@online.de Dienstag bis Freitag 7–18.30 Uhr, Samstag 7–12 Uhr

7 Domins Hofladen

Der engagierte Bauer Thomas Domin vermarktet in seinem Hofladen Fleisch- und Wurstwaren von Rind und Schwein sowie Eier von seinen Hühnern aus Freilandhaltung. Zusätzlich werden Honig von Imker Förster aus Ortrand, frische Milchprodukte von der Molkerei Lorenz aus Lebusa, Brot und Brötchen von der Bäckerei Krause aus Lauta und in der Saison frischer Spargel und Erdbeeren von Bauer Lehmann aus Lipten verkauft. Im Dezember gibt es auch Weihnachtsgänse, -enten und -bäume. Feldstraße 20, 01968 Peickwitz 035756-602 85 info@landwirt-domin.de • www.landwirt-domin.de Freitag 14–19 Uhr, Samstag 8–11 Uhr

In der Schauwerkstatt der Confiserie Felicitas

❽ Erdbeerland Missen

Der kleine Betrieb der Familie Panzner konzentriert sich auf den Anbau von Erdbeeren, Roggen, Weizen und Mais. Die Erdbeeren können zur Saison selbst gepflückt oder frisch am Stand gekauft werden. Am zweiten und dritten Adventswochenende gibt es auch einen Weihnachtsbaumverkauf mit Möglichkeit zum Selberschlagen. Ein Abstecher nach Vetschau oder zur Slawenburg Raddusch lohnt immer. Missener Hauptstraße 8, 03226 Missen 0173-471 98 32 j.panzner@t-online.de • www.erdbeerland-missen.de Erdbeerpflücken: im Juni täglich je nach Wetterlage, Weihnachtsbaumverkauf: am 2. und 3. Adventswochenende 10–18 Uhr

❾ Fischzucht Kroppen

Im traditionsreichen Fischzuchtgebiet an der Grenze zu Sachsen bewirtschaftet Familie Sieber rund um Kroppen und Frauendorf 13 Teiche mit insgesamt 91 Hektar Fläche. Verkauft werden vor allem Karpfen, Forellen und Lachsforellen. Auch Zander, Hecht, Schleie, Barsch und Wels werden nach dem Abfischen im Herbst angeboten, Fischsalate und Räucherfisch gibt es das ganze Jahr über. Der umliegende Wald lädt zu Spaziergängen entlang der Teiche ein. Hauptstraße 71, 01945 Kroppen 035755-414 oder 0152-075 44 452 fischzucht-kroppen@gmx.de Freitag 9–17 Uhr, Samstag 9–11 Uhr, im Sommer längere Schließzeit

❿ Gemüsebaubetrieb »Spreewald«

Auf dem 1992 gegründeten Familienbetrieb baut Landwirt Marcel Mich vor allem Spargel, Erdbeeren und Freilandgurken an, aber auch Zwiebeln, Kartoffeln, Einlegegurken sowie Meerrettich. Der Verkauf findet direkt im Hofladen und an Marktständen in der Region statt. – Von Klein Radden aus lohnt ein Abstecher in die Altstadt von Lübbenau oder ins denkmalgeschützte Spreewalddorf Lehde. Lübbenauer Straße 12, 03222 Klein Radden 035456-59 58 gemuesebaubetrieb-spreewald@t-online.de www.gemuesebaubetrieb-spreewald.de Montag bis Freitag 8–17 Uhr, Samstag 9–11 Uhr, in der Spargelsaison auch Sonntag 8–12 Uhr

⓫ GöritzerGemüseGarten

Die Göritzer Agrar GmbH betreibt konventionellen Gemüseanbau mit Fokus auf umweltverträglicher Landnutzung. Im Hofladen bekommt man je nach Saison Tomaten, Salatgurken, verschiedene Kohlsorten, Salat und Kräuter, dazu Eier, Käse, Säfte, Honig und Fruchtaufstriche sowie Gewürzgurken, Leinöl, Wurstwaren und vieles mehr. Neben einem rustikalen Imbiss-Restaurant gehören auch eine Landtechnikausstellung und ein Kinderspielplatz zum Angebot. Mühlenweg 8, 03226 Göritz 035433-22 00 wir@die-spreewaldbauern.de • www.die-spreewaldbauern.de Montag bis Freitag 8–17 Uhr, Samstag und Sonntag 9–15 Uhr, außerhalb der Saison verkürzte Öffnungszeiten

12 Gut Ogrosen

Bio

Gut Ogrosen bildet mit dem Milchschafhof Schafgarbe und dem Ziegenhof am Gut Ogrosen die Ökologische Höfegemeinschaft Gut Ogrosen. Äcker und Weiden werden hier nach Demeter-Richtlinien bewirtschaftet und liefern vor allem Futter für die hofeigenen Tiere. Auf dem Gut werden etwa 120 Milchkühe der bedrohten Rasse Deutsches Schwarzbuntes Niederungsrind mit ihren Kälbern gehalten. Die Tiere leben im Sommer Tag und Nacht auf der Weide, im Winter können sie zwischen Fressstall, Laufhof und einem mit reichlich Stroh eingestreuten Liegestall wählen. Ein Teil der Milch wird an die Gläserne Molkerei in Münchehofe geliefert, der andere Teil wird in der hofeigenen Käserei nach alter Handwerkstradition zu Joghurt, Quark und Käse verarbeitet. Neben den Milchkühen gibt es noch etwa 30 Schweine, die in einem mit Stroh eingestreuten Offenstall leben. Schlachtung und Verarbeitung erfolgen auf dem Gut. Ein wichtiger Bestandteil der Hofwirtschaft ist auch die Bienenhaltung, die hier extensiv und ökologisch betrieben wird.

Den Honig sowie Milch, Milchprodukte, Fleisch und Wurstwaren aus eigener Produktion bekommt man im liebevoll eingerichteten Hofladen, der darüber hinaus ein Bioladen-Sortiment mit Obst, Gemüse, Getränken, Nudeln, Müslis, Ölen, Saaten, Gewürzen und vielen anderen Produkten bietet. Von Mai bis September kann man hier auf der sonnigen Terrasse auch Kaffee und Kuchen genießen.

Zur denkmalgeschützten Hofanlage von Gut Ogrosen, das in dritter Generation von Familie Lütke Schwienhorst bewirtschaftet wird, gehört neben den historischen Wirtschaftsgebäuden auch ein acht Hektar großer Landschaftspark mit drei Teichen und einer großen alten Obstwiese. Nach einem Besuch im Hofladen lohnt sich in jedem Fall ein Spaziergang entlang der Ställe und durch die alten Alleen. Dabei kann man dann auch beim Ziegenhof am Gut Ogrosen vorbeischauen, auf dem Cecilia Abel und Daniel Baumgart etwa 70 Ziegen, einen Ziegenbock und die dazugehörigen Nachkommen halten. Die von ihnen hergestellten Ziegenkäsespezialitäten gibt es von Ende April bis Weihnachten hier im Hofladen und auf regionalen Märkten bis hin nach Berlin. Auch den Schafskäse, den Familie Plaß auf dem Milchschafhof Schafgarbe produziert, bekommt man in Cottbus und Berlin.

Wer die ländliche Idylle auf Gut Ogrosen länger genießen möchte, findet hier in einem restaurierten Lehmfachwerkhaus vier modern ausgestattete Ferienwohnungen.

Gut Ogrosen, Ogrosener Dorfstraße 35, 03226 Ogrosen
035436-218 info@gut-ogrosen.de • www.gut-ogrosen.de Dienstag 15–18 Uhr, Freitag 9–18 Uhr, Samstag 9–14 Uhr

Ziegenhof am Gut Ogrosen, Ogrosener Dorfstraße 36, 03226 Ogrosen
035436-568 00 post@ziegenhof-ogrosen.de • www.ziegenhof-ogrosen.de

Milchschafhof Schafgarbe, Ranzower Straße 7, 03226 Ogrosen
035436-41 57 schafgarbe@gmx.net

⑬ Hofladen der Agrargenossenschaft Elster-Pulsnitz

Auf freiem Feld und auf 7.000 Quadratmetern Gewächshausfläche (mit echter Erde) produziert die Frauendorfer Agrargenossenschaft Tomaten, Gurken, Paprika, Erdbeeren, Spargel sowie Beet- und Balkonpflanzen. Geheizt werden die Gewächshäuser mit Hilfe von Abwärme aus einer Biogasanlage. Ebenfalls im Angebot sind verschiedene Kartoffelsorten, frische Milch zum Selbstabfüllen und weitere regionale Produkte. Ruhlander Straße 6, 01945 Frauendorf 035755-552983 hofladen.frd.ol@web.de • www.agrargenossenschaft-elster-pulsnitz.de Montag bis Freitag 8–18 Uhr, Samstag 8–12 Uhr

⑭ Hofladen »Zur Kräuterhexe«

Die Firma »SpreewaldRabe« gehört zu den bekanntesten Anbietern von Spreewaldkonserven. Während Supermärkte meist nur einen Teil des Sortiments anbieten, findet man im betriebseigenen Hofladen alles, was nebenan produziert wird – von eingelegten Gurken und Gemüse bis zu Aufstrichen und Saucen. Bei einer Betriebsbesichtigung kann man (nach Anmeldung) zudem den Mitarbeitern auf die Finger schauen und den hauseigenen Kräutergarten erkunden. Boblitzer Chausseestr. 16, 03222 Boblitz 03542-893 30 verkauf@spreewaldrabe.de • www.rabe-gmbh.de April bis Dezember: Montag bis Freitag 8–17 Uhr, Januar bis März: Montag bis Freitag 8–16 Uhr

⑮ Hofschlachterei Kantor

Joachim Kantor betreibt in vierter Generation das Fleischerhandwerk. Neben dem Geschäft in der Spremberger Schloßstraße gibt es seit 2007 einen kleinen Hofladen auf dem elterlichen Gehöft, wo er Rinder der Rasse Uckermärcker züchtet. Im Hofladen gibt es neben Fleisch- und Wurstwaren auch einige andere regionale Produkte wie Honig, Eier und Diebkower Leinöl. Kleeweg 1, 03130 Spremberg 03563-947 35 kontakt@fleischereikantor.de • www.fleischereikantor.de Mitte September bis Ende April: Donnerstag 13–18 Uhr, Freitag 10–18 Uhr

⑯ Milchtankstelle Saßleben

Die 300 Milchkühe der Bäuerlichen Produktionsgemeinschaft Saßleben produzieren täglich etwa 5.500 Liter Biomilch. Ein Teil davon wird am hofeigenen Milchautomaten als Rohmilch abgegeben. Flaschen können mitgebracht oder vor Ort erworben werden. Das Milchhäuschen befindet sich an der L54 zwischen Calau und Vetschau am Ortseingang von Saßleben. Im Ort lohnt ein Spaziergang im Park des zerstörten Gutshauses mit einem großen Teich und einer Insel, auf der zwischen den Bäumen eine Sphinx-Skulptur zu entdecken ist. Calauer Straße (L54), 03205 Saßleben 0171-301 75 22 bpsassleben@t-online.de Täglich 7–20 Uhr

17 Räucherei & Spreewaldspezialitäten

In der kleinen Räucherei von Familie Kunipatz wird der Fisch nach eigenem Rezept mit Kräutern aus dem heimischen Garten eingelegt und im Buchenholzrauch geräuchert. Im liebevoll eingerichteten Laden gibt es auch Fischbrötchen sowie Spreewaldspezialitäten und weitere regionale Produkte. – In Lübbenau sollte man sich die historische Altstadt und das Schloss nicht entgehen lassen. Auch ein Ausflug ins denkmalgeschützte Spreewaldorf Lehde ist reizvoll. Hauptstraße 17, 03222 Zerkwitz 03542-410 59 info@spreewaldraeucherei.de • www.spreewaldraeucherei.de Montag bis Freitag 11–18 Uhr, Samstag 10 –14 Uhr (im Sommer 10 –16 Uhr)

18 Spargelhof Kalkwitz

André und Manuela Scharkowski bauen auf ihrem sechs Hektar großen Hof im Spreewald Spargel an, und zwar traditionell und umweltbewusst ohne Folie. Neben dem frischen Spargel gibt es im kleinen Hofladen auch Spreewälder Senf- und Gewürzgurken, Leinöl aus Lübbenau, Meerrettich, frisch gepflückte Erdbeeren und weitere regionale Spezialitäten. Verkauft wird auch an Markständen in Calau vor dem Rewe-Markt und der Bäckerei Bubner. Wiesenstraße 1a, 03205 Kalkwitz 03541-871 87 08 info@spargelhof-kalkwitz.de • www.spargelhof-kalkwitz.de In der Spargelsaison: täglich 8 –12 Uhr

19 Spreewaldbauer Ricken

»Spreewaldbauer« Karl-Heinz Ricken baut Gurken, Spargel, Kartoffeln, Erdbeeren, Heidelbeeren und anderes Obst und Gemüse an. In Vetschau werden die hofeigenen und zugekaufte Produkte (frisch oder als Konserve) sowie regionale Wurstwaren, Marmeladen, Säfte und Präsentkörbe verkauft. Das etwas überdimensionierte Hofcafé serviert Kuchen, Eis und rustikale Mittagsgerichte. Stradower Weg 27, 03226 Vetschau 035433-59 29 0 info@spreewaldbauer-ricken.de • www.spreewaldbauer-ricken.de April bis September: Montag bis Freitag 8 –18 Uhr, Samstag, Sonn- und Feiertage 8 –17 Uhr, Oktober bis März: Montag bis Samstag 8 –16 Uhr, Sonn- und Feiertage 9 –15 Uhr

20 Spreewaldkorb Fleißdorf

In Fleißdorf befindet sich der zweite Hofladen der Göritzer Agrar GmbH. Auch hier bekommt man je nach Saison Tomaten, Salatgurken, verschiedene Kohlsorten, Salat und Kräuter, dazu Eier, Käse, Säfte, Honig und Fruchtaufstriche sowie spreewaldtypische Gewürzgurken, Leinöl, Wurstwaren und vieles mehr. Ein Restaurant gibt es im Unterschied zum Standort in Göritz nicht. Dorfstraße, 03226 Fleißdorf 035433-22 00 wir@die-spreewaldbauern.de • www.die-spreewaldbauern.de Montag bis Freitag 8 –17 Uhr, Samstag 9 –11 Uhr, außerhalb der Saison verkürzte Öffnungszeiten

Gurkenernte auf den Feldern der Göritzer Agrar GmbH

21 Teichwirtschaft Stradow

Seit 2009 betreibt der Diplom-Biologe Karl Winkelgrund die 150 Hektar große Teichwirtschaft Stradow mit ihren 11 Teichen. Lebend oder geräuchert bekommt man hier Forelle, Karpfen, Hecht, Zander, Aal, Wels und Schleien. An verschiedenen Angelteichen kann hier auch selbst geangelt werden.

Stradower Dorfstraße 31, 03226 Stradow · 035433-59 44 92 / 0175-166 87 22 • www.teichwirtschaft-stradow.de · Donnerstag und Freitag 10 –17 Uhr, Samstag 9 –12 Uhr

Auf den Weiden der Obermühle Gottsdorf

Der Südwesten

Elbe-Elster
Teltow-Fläming
Potsdam-Mittelmark

Falkensee
Havel
Brandenburg an der Havel
Potsdam
Teltow
Kloster Lehnin
Nuthe
Ludwigsfelde
Bad Belzig
Luckenwalde
Jüterbog
Elbe
Mulde
Sachsen-Anhalt
Sachsen
Potsdam-Mittelmark
Teltow-Fläming
Elbe-Elster

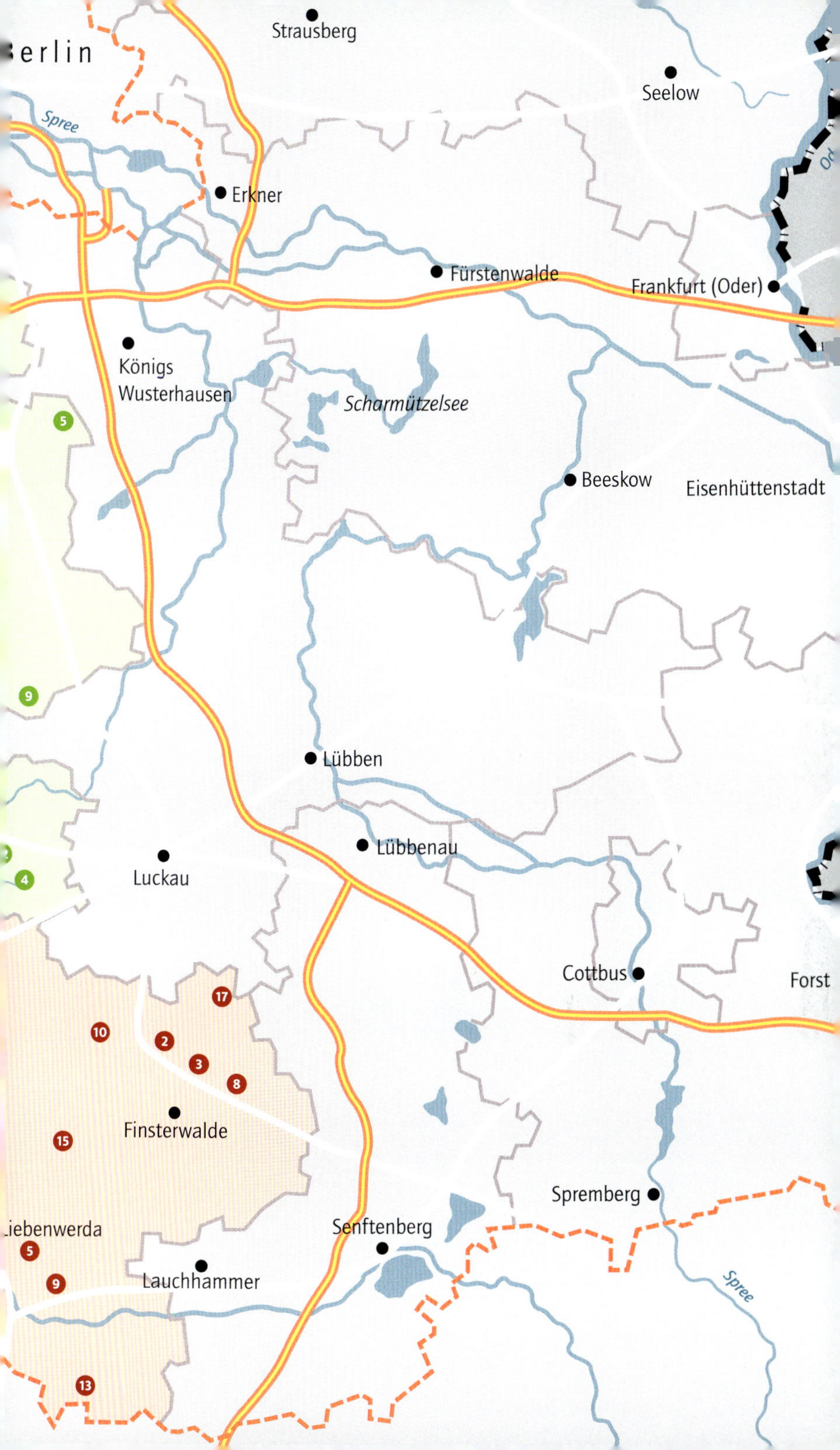

Berlin
Strausberg
Seelow
Spree
Erkner
Fürstenwalde
Frankfurt (Oder)
Od
Königs Wusterhausen
Scharmützelsee
Beeskow
Eisenhüttenstadt
5
9
Lübben
Lübbenau
Luckau
4
Cottbus
Forst
17
10
2
3
8
Finsterwalde
15
Spremberg
Liebenwerda
Senftenberg
5
9
Lauchhammer
Spree
13

Elbe-Elster

Auf der Weide von Alpaca Island

1 Alpaca Island

Mathias und Marlén Schellack sind Alpakazüchter aus Leidenschaft. Im Hofladen ihrer kleinen Farm am Rande des Spreewaldes verkaufen sie selbst hergestellte Produkte aus der weichen Alpakawolle, zum Beispiel Strümpfe, Mützen, Schals, Handschuhe, Pullover und Bettdecken. Ebenfalls angeboten werden Spinnkurse und Alpaka-Trekkingtouren durch die Rochauer Heide. Abenteuerlustige können über den Anbieter sleeperoo auch eine Nacht im Zeltkubus auf der Alpakaweide verbringen. Dorfstr. 46, 04936 Hohenbucko 035364-57 00 04 oder 0172-372 22 88 info@alpaca-island.de www.alpaca-island.de Montag bis Freitag 9–18 Uhr

2 Alpacas of Density

Seit 2005 betreibt Familie Niemann ihre Alpaka-Farm in Sonnewalde. Die Wolle der ursprünglich aus Südamerika stammenden Tiere wird ohne Einsatz von Färb- und Bleichmitteln unter anderem zu Strickwolle, Socken, Mützen, Schals, Handschuhen, Mänteln, Pullovern, Ponchos, Bettdecken, Teppichen oder Plüschtieren verarbeitet, die es im Hofladen zu kaufen gibt. Einige Produkte werden eigens aus Peru importiert. Nach Vereinbarung sind Hofführungen möglich. Pießig 27, 03249 Sonnewalde 035323-689 65 info@alpacas-of-density.de • www.alpacas-of-density.de Montag bis Freitag 13–18 Uhr und nach Vereinbarung

3 Bauernhof Tannenläufer

Lutz Tannenläufer baut auf seinem Hof Getreide, Kartoffeln, Obst und Gemüse an. Die 150 Enten, 70 Legehühner und 60 Gänse werden ausschließlich mit Produkten aus eigenem Anbau gefüttert. In Foliengewächshäusern wachsen Salatgurken, Tomaten, Salat, Bohnen und Kohlrabi. Im hofeigenen Laden gibt es ganzjährig Eier aus Freilandhaltung, Nudeln, regionalen Honig sowie Weine und Liköre. Zur jeweiligen Saison ergänzen Spargel, Erdbeeren, Himbeeren, Enten und Gänse das Angebot. Lindthaler Straße 5, 03238 Massen 01522-262 33 60 bauernhof.tannenlaeufer@t-online.de Täglich ab 9 Uhr (bitte an der Glocke läuten)

4 Hofladen Bönitz

Die Röderland GmbH baut auf 1.600 Hektar Getreide, Futter sowie Saatgut an und züchtet Milch- und Schlachtvieh. Bauernhofromantik kommt hier nicht auf, aber der Betrieb wird sehr engagiert betrieben und öffnet beim jährlichen Hoffest seine Stalltüren für die Öffentlichkeit. In einer geräumigen Halle werden in Bönitz verschiedene Sorten Speisekartoffeln, saisonbedingt auch Möhren und andere regionale Produkte, verkauft. Hauptstraße 2, 04924 Bönitz 035341-21 68 roederland-gmbh@t-online.de Montag bis Freitag 8–12 Uhr & 12.30–16 Uhr, jeden 1. Samstag im Monat 9–11 Uhr

5 Hofmosterei Dobra

Die Hofmosterei Dobra verarbeitet Obst in reiner Handarbeit zu Natursäften ohne Zusätze. Ein Großteil der Produktion geht an Obsterzeuger, die hier ihre eigenen Früchte pressen lassen. Aus zugekauftem Obst werden aber auch verschiedene Saftsorten für den Verkauf abgefüllt – und zwar in 3-, 5- oder 10-Literbeutel, die in einem Karton stecken. Dank der Pasteurisierung sind die Säfte im ungeöffneten Beutel ein Jahr haltbar. Maasdorfer Weg 3, 04924 Dobra 0162-318 18 58 info@hofmosterei-dobra.de www.hofmosterei-dobra.de Juli bis Oktober: Montag bis Freitag 8–16 Uhr, Samstag 8–12 Uhr

6 Klostergärtnerei Güldenstern

Die Klostergärtnerei Güldenstern wurde 1999 von Gärtnermeisterin Ilona Hippert übernommen und mit viel Elan ausgebaut. Direkt neben dem Zisterzienserkloster gelegen und umrahmt von einer historischen Backsteinmauer, erstrecken sich hier ein Kräutergarten und ein wunderschöner Sommerblumengarten. Verkauft werden neben Balkon- und Gartenpflanzen auch Tomaten, Gurken, Zucchini, Bohnen, Zwiebeln, Paprika und anderes Gemüse. Güldenstern 4, 04931 Mühlberg/Elbe 035342-700 70 / 01520-292 21 23 ilonahippert@gmx.de • www.klostergaertnerei-muehlberg.de Montag bis Freitag 9–17 Uhr, Samstag 9–12 Uhr

7 Kräuterhof

Die ausgebildete Phytotherapeutin und Bäckermeisterin Kerstin Matausch serviert im »Duft- und Naschgarten« ihres idyllischen Kräuterhofs hausgemachte Kuchen, Torten, Tee, Kaffee, Limonaden und Fruchtweine. Daneben verkauft sie Kräutertees, Fruchtaufstriche, Kräuteressige und -öle, Kräutersalz, Blütenzucker, Dinkelspezialitäten (Nudeln, Kuchen und Torten) sowie weitere Naturprodukte.
Blumberger Str. 8, 04924 Bönitz 035341-49 98 49 info@kraeuterfrau.net www.kraeuterfrau.net März bis Oktober: Mittwoch & Freitag 14–20 Uhr, Samstag, Sonntag und feiertags 11–20 Uhr, November bis Februar: Freitag & Samstag 14–18 Uhr

8 Landfleischerei und Hofladen Lieskau

Die Agrargenossenschaft Dollenchen/Lieskau betreibt mit über 40 Mitarbeitern Getreideanbau, Viehzucht und Milchwirtschaft auf konventionelle Art, aber mit Rücksicht auf die Belange von Natur und Umwelt. In der hofeigenen Fleischerei werden Produkte aus Rind- und Schweinefleisch angeboten. Das Futter stammt aus eigenem Anbau, die Rinder werden im Sommer in extensiver Freilandhaltung gehalten. Dorfstr. 19, 03238 Lieskau 035329-201 agdollenchen@t-online.de • www.ag-dollenchen-lieskau.de Dienstag bis Freitag 9–18 Uhr, Samstag 8–11 Uhr

Kremserfahrt durch die Niederlausitzer Heide

9 Niederlausitzer Heidemanufaktur

Am Rand des Naturparks Niederlausitzer Heidelandschaft und mitten im größten zusammenhängenden Streuobstgebiet Brandenburgs produziert Petra Wetzel in ihrem Privathaus Liköre und Aufstriche aus regionalem Obst und Wildfrüchten sowie Chutneys, herzhafte Brotaufstriche, Gewürzöle und -salze, Kleingebäck und Pralinen. Das Angebot ist begrenzt und wechselt saisonal. Nach Vereinbarung können auch Kremsertouren, Heidewanderungen und Verkostungen organisiert werden. Bahnhofstraße 15, 04934 Hohenleipisch 03533-78 23 / 0170-266 09 21 wetzel.petra@gmx.de www.niederlausitzer-heidemanufaktur.de Nach Vereinbarung

10 Obsthof Hentschel

Der Obsthof Hentschel existiert bereits seit 1991. Auf 22 Hektar baut Joachim Hentschel hier vor allem Äpfel, aber auch Birnen, Erdbeeren, Pflaumen, Süß- und Sauerkirschen an. Dank eines Kühllagers werden die Äpfel über den Winter hinweg frisch gehalten und sind dementsprechend auch außerhalb der Saison erhältlich. Kirschen und Äpfel können zu bestimmten Zeiten auch selbst gepflückt werden.
Großkrausniker Straße 2B, 03249 Zeckerin 035323-608 28 info@obsthof-hentschel.de www.obsthof-hentschel.de September bis April: Montag bis Freitag 9–17 Uhr, Samstag 9–12 Uhr, Mai: Freitag 9–18 Uhr, Juni bis August: Sommerpause

11 Ökohof Gotsgarten

Bio

Auf dem Ökohof Gotsgarten hält Beate Bechler über 130 schottische Highlandrinder. Die Tiere leben hier ganzjährig auf der Weide und fressen nur frisches Gras, Kräuter und im Winter Heu aus der hofeigenen Produktion. Durch die extensive Haltung und das langsame Wachstum des »Highland Cattle« entwickelt sich ein Fleisch von hoher Qualität, das zudem relativ wenig Fett und Cholesterin, dafür aber einen hohen Anteil an essenziellen und ungesättigten Fettsäuren enthält. Geschlachtet werden die Tiere so stressfrei wie möglich in einem eigenen Schlachtraum direkt auf dem Hof. Kein Wunder, dass auch Spitzenköche und Gastronomen gerne ihr Fleisch von hier beziehen.

Privatkunden können sich im gutseigenen Hofladen eindecken, der jeden Freitag geöffnet hat. Ergänzt wird das Angebot durch frische Bio-Lebensmittel von weiteren Erzeugern aus der Region. Eine Spezialität ist der Norddeutsche Champagner-Roggen, eine alte Getreidesorte, die auf den Feldern des Ökohofs angebaut wird. Er ist im Hofladen auch in flüssiger Form erhältlich – als Freimut-Wodka, der in alter Handwerkstradition von einer kleinen Brennerei hergestellt wird.

Ökohof Gotsgarten, Weststr. 6, 04895 Schmerkendorf
035365-396 50 oder 0177-408 58 90 oekohof.gotsgarten@t-online.de
www.gotsgarten.de Freitag 10 – 18 Uhr

⑫ Schliebener Weinberg

In Schlieben wurde schon im Mittelalter Wein angebaut. Heute wachsen hier auf gut einem Hektar Rebfläche die Sorten Müller-Thurgau, Bacchus und Regent. Nach Anmeldung gibt es Gruppenführungen und Weinverkostungen. Der 1,5 Kilometer lange Weinwanderweg auf dem Langen Berg kann auf eigene Faust erkundet werden. Der Wein ist auch erhältlich in der Touristinformation Drandorfhof (Ritterstraße 8), bei Geschenkartikel Cornelia Madel (Am Markt) oder in der HEM-Tankstelle (an der B87).

Langer Berg 4, 04936 Schlieben · 035361-800 21 · weinbau-schlieben@web.de
www.weinbau-schlieben.de · Nach Vereinbarung

⑬ Schradenfrucht Hofladen

Seit 2001 grast auf den feuchten Weideflächen der Unteren Pulsnitzniederung südlich von Elsterwerda und Plessa eine Herde von Wasserbüffeln. Die Tiere leben ganzjährig draußen und ernähren sich von Binsen, Ampfer, Stroh und Heu. Damit betätigen sich die robusten Tiere unbewusst als Landschaftspfleger, indem sie das Überwuchern der Wiesen mit Sauergräsern verhindern. Wasserbüffel stammen ursprünglich aus Asien und werden hierzulande wegen ihres fett- und cholesterinarmen Fleischs und der gehaltvollen Büffelmilch geschätzt.

Im Hofladen der Schradenfrucht GmbH (und in den Filialen der Landfleischerei Schraden) gibt es Büffelroulade, Büffelsteaks, Büffelgulasch und verschiedene Wurstsorten wie Jagdwurst, Leberwurst, Knacker oder Salami. Büffelmilch ist ebenfalls im Angebot, sie stammt jedoch nicht von hier. Die Büffelweide ist von Gröden, aber auch von Plessa und Elsterwerda aus über beschilderte Wander- bzw. Radwege erreichbar.

Südlich von Gröden locken die waldreichen »Grödener Berge« im Landschaftsschutzgebiet Merzdorfer-Hirschfelder-Höhenrücken: Auf dem Heideberg, dem mit 201 Metern höchsten Berg in Brandenburg, gibt es einen hölzernen Aussichtsturm, zahlreiche Wanderwege und ein Wintersportgelände mit Skilift, Skihütte und einer Rodelstrecke.

Mittelweg 9, 04932 Gröden · 035343-78 92 62 · schradenbueffel@online.de
www.schradenfrucht.de · Dienstag & Freitag 8–13 Uhr, Donnerstag 12–17 Uhr

⑭ Straußenfarm am Bolzenteich

Ninette und Peter Klatt betreiben ihre kleine Straußenfarm in Wildenau seit 2007. Neben den Straußen leben hier auch ein paar Kamerunschafe, Zwergziegen, Minischweine, Katzen und ein Hofhund. Die Tiere können im kleinen Streichelzoo besucht werden. Im Hofladen (oder per Versand) gibt es Straußeneier und hausgemachten Straußeneierlikör. Alte Dorfstraße 20, 04916 Wildenau · 035362-74 52 51 0173-871 10 77
info@straussenfarm-bolzenteich.de • www.straussenfarm-bolzenteich.de · Samstag & Sonntag 10–18 Uhr

⑮ Teichwirtschaft Hammermühle

In der Teichwirtschaft rund um den 35 Hektar großen Hammerteich bei Doberlug-Kirchhain fischt Uwe Keil Karpfen, Hechte, Welse, Barsche, Zander und andere Fischarten. Im kleinen Hofladen direkt am Teich wird der Fang frisch und geräuchert angeboten. – Zum pittoresken Renaissanceschloss Doberlug sind es von hier aus nur anderthalb Kilometer.

Hammermühle 1, 03253 Lindena • 035322-22 31 oder 0173-214 98 73 • www.fischer-keil.de • September bis Juni: Dienstag & Freitag 9–18 Uhr, Mittwoch & Samstag 9–12 Uhr, Juli & August: Dienstag & Mittwoch 9–14 Uhr, Freitag 9–18 Uhr, Samstag 9–12 Uhr

⑯ Teichwirtschaft Thalberg

Nordöstlich von Bad Liebenwerda zieht Familie Richter in rund 20 Teichen Fische wie Karpfen, Hechte, Schleien und Zander auf und verkauft den Fang von September bis April im Hofladen. Jeden Freitagmorgen wird frisch geräuchert. Von März bis November darf an einigen Teichen (ohne Fischereischein) auch selbst geangelt werden. Die Umgebung lockt mit einem Netz von Rad- und Wanderwegen sowie einem Naturlehrpfad. Liebenwerdaer Straße 39, 04924 Thalberg • 035341-29 25 oder 0177-936 46 70 • richterson@yahoo.de • www.teichwirtschaft-thalberg.de • September bis April: Montag bis Donnerstag: 9–17 Uhr, Freitag 9–18 Uhr, Samstag 9–12 Uhr

⑰ Töpferei Tunsch

In einer der ältesten Töpfereien Brandenburgs verkauft Hans-Jörg Tunsch handgefertigte Teller, Tassen, Kannen, Kuchenformen, Pflanzgefäße und Windlichter, meist in traditionellen Blau-, Braun- oder Grüntönen. Es gibt auch Führungen und Keramikkurse. Im »Töpferdorf« Crinitz produzieren noch weitere Familienbetriebe Gebrauchs- und Zierkeramik. Jährlich im April präsentieren sich hier Töpfereien aus ganz Deutschland auf dem Crinitzer Töpfermarkt. Groß Mehßower Str. 6, 03246 Crinitz • 035324-444 • info@toepferei-tunsch.de • www.toepferei-tunsch.de • Montag bis Donnerstag 9–12 & 13–18 Uhr, Freitag 9–12 & 13–16 Uhr

⑱ Weingut Gunter Schurig

In ihrer Lausitzer Weinmanufaktur keltern Günter Schurig und seine Frau verschiedene Weine aus Trauben der Sorten Cabernet Cortis, Cabertin, Regent, Solaris und Johanniter. Der Wein wird nach biologischen Richtlinien angebaut und ohne Zusätze abgefüllt. Erhältlich sind die Weine im Onlineshop oder vor Ort bei einer Weinverkostung (bis zu 30 Personen) oder einer Besichtigung von Winzerhof, Weinkeller, Garten und Kunstgalerie. Eine Voranmeldung ist erforderlich. Dorfstraße 11, 04924 Lausitz • 0178-668 02 32 • gunterschurig@gmx.de • www.weingut-schurig-lausitz.de • Nur nach Vereinbarung

Teltow-Fläming

Ausblick von der Fischerei Kallinchen

❶ Agrargenossenschaft Groß Machnow

Die Agrargenossenschaft Groß Machnow baut auf einer Fläche von etwa 3.000 Hektar Getreide, Ölsaaten und Kartoffeln an und hält knapp 600 Säue sowie in ganzjähriger Freilandhaltung etwa 400 Mutterkühe. Im Hofladen gibt es verschiedene Sorten Kartoffeln aus eigenem Anbau, dazu Eier aus der Region, Obst, Gemüse, Honig, Säfte, kaltgepresste Öle aus Rangsdorf, Wurst vom Saalower Kräuterschwein, Backwaren der Naturbäckerei Zeesen und Sanddornprodukte von Christine Berger. Mittenwalder Straße 6, 15834 Groß Machnow 033708-74 00 78 ag-gm@t-online.de • www.ag-gm.de Montag bis Freitag 9–16.30 Uhr, Samstag 9–12 Uhr

❷ Biolandhof Klinkenmühle

Weil sich die Biolandwirtschaft allein nicht rechnet, betreiben Kathrin und Andreas Lütteken zusätzlich eine gemütliche Bauernhofpension mit insgesamt sechs Zimmern. Auf dem Hof leben etwa 45 Mütterkühe mit Nachwuchs, 20 Jungbullen sowie einige Pferde und Schweine. Von Oktober bis März wird etwa einmal im Monat geschlachtet. Fleisch und Wurst von Rindern und Schweinen können vorbestellt und dann abgeholt werden. Klinkenmühle 1, 14974 Gottsdorf 033732-402 69 info@klinkenmuehle.de www.klinkenmuehle.de Zu den Schlachtterminen (gemäß Website) und nach Vereinbarung

❸ Büffelhof Bobalis

Seit 1998 existiert dieser Bio-Büffelhof, auf dem heute insgesamt 200 Wasserbüffel leben. Die Milch der Büffelkühe wird direkt in der hofeigenen Käserei verarbeitet. Von März bis Dezember gibt es an jedem ersten Samstag im Monat kostenlose Hofführungen und die Möglichkeit zum Einkauf vor Ort. Im Onlineshop sind verschiedene Wurst- und Schinkensorten sowie Büffelmilch, -käse, -frischkäse, -mozzarella, -joghurt und andere Spezialitäten jederzeit verfügbar. Hauptstraße 30, 14913 Jüterbog 03372-43 29 88 info@bobalis.de • www.bobalis.de März bis Dezember: jeden ersten Samstag im Monat 12–15 Uhr

❹ Dahmequell Landprodukte

Seit 2014 betreiben Anke und Jens Kottke ihr Unternehmen »Dahmequell Landprodukte«. Am Anfang stand kaltgepresstes Leinöl im Mittelpunkt, inzwischen pressen die Kottkes mit der gleichen Sorgfalt auch Raps-, Walnuss- und Bärlauchöl und verkaufen daneben Leinsamen und -schrot, selbstgemachte Fruchtaufstriche sowie Honig, Liköre, Brände, Säfte und andere Produkte aus der Region. Das Angebot an Fruchtaufstrichen wechselt je nachdem, was der eigene Garten hergibt. Schöna 13, 15936 Dahme/Mark 035364-720 39 info@dahmequelllandprodukte.de • www.dahmequellland produkte.de Freitag 8–17 Uhr, Samstag 8–12 Uhr

5 Fischerei Kallinchen

Im Sommer 2019 haben Nico Heer und seine Familie die traditionsreiche Fischerei Kallinchen bei Zossen übernommen. Im neu gestalteten Verkaufsraum gibt es neben Zander, Hecht und Wels aus dem Motzener See auch zugekauften Hering und Lachs. Den Fisch kann man frisch oder vom Fischer selbst geräuchert erwerben oder ihn auch vor Ort mit traumhafter Aussicht verzehren. Ebenfalls gibt es hier einen Bootsverleih und Angelkarten. Am Strand, 15806 Kallinchen 033769-509 25 • www.sites.google.com/view/fischerei-kallinchen April bis Oktober: täglich 10–18 Uhr, November bis März: Mittwoch bis Sonntag 10–18 Uhr

6 Fischräucherei Braußе

Familie Brauße betreibt ihre Fischräucherei in Blankensee seit 1992. Täglich werden hier Forellen, Lachsforellen und Saiblinge aus der Region Nuthe-Nieplitz über Erlenholz geräuchert. Daneben gibt es im Hofladen auch Fische, die von weiter her kommen, wie Aal und Zander oder Seefisch wie Heilbutt, Lachs und Buttermakrele. Den Fisch gibt es nicht nur geräuchert, im Brötchen und als Salat, sondern auch frisch für die Zubereitung zu Hause. Zum Seechen 2, 14959 Blankensee 033731-800 29 fischer-brausse@web.de • www.fischräucherei-brausse.de Täglich 9–18 Uhr

Büffelhof Bobalis

7 Fläminger Genussland

Im Jahr 2009 gründeten Ronny und Tino Ryll ihren Hof »Fläminger Genussland«. Dabei waren die beiden Agrarwissenschaftler inspiriert von dem Ziel, durch nachhaltige Landwirtschaft die Interessen von Natur, Erzeugern und Verbrauchern zu versöhnen. Der Schwerpunkt ihrer Produktion liegt auf dem Anbau von Raps und Sanddorn sowie der Zucht von Wagyū-Rindern und Mangalitza-Schweinen. In der hofeigenen Ölmühle entstehen nicht nur kaltgepresstes Rapsöl, sondern auch Sonnenblumen-, Leindotter-, Mohn-, Senf-, Kürbiskern- und andere Öle. Die dazugehörigen Saaten werden auch als ganze Samen und Körner oder als Mehl verkauft. Ergänzt wird das Angebot durch Säfte, Tees und Liköre aus Sanddorn und Aronia, Frucht- und Weinessig, Honig, verschiedene Sorten Wurst, Schmalz und Mett im Glas sowie Salami von Schwein und Rind. Alles, was in die Flaschen, Gläser und Tüten mit dem schwarzen Genussland-Etikett kommt, stammt vollständig vom eigenen Hof und wurde auch dort verarbeitet und abgefüllt. Auf künstliche Zusatzstoffe verzichten die Brüder Ryll ganz bewusst – so wie sie auch chemische Unkrautvernichter fast völlig von ihren Feldern verbannt haben.

Fläminger Genussland, Hohenkuhnsdorfer Weg 8, 14913 Reinsdorf
033746-806 10 kontakt@flaeminger-genussland.de • www.flaeminger-genussland.de
Montag bis Freitag 8–16 Uhr, Samstag nach Vereinbarung

8 Galloway Löwenbruch

Seit 1993 züchtet Frank Mertens auf den sumpfigen Böden des Fläming Galloway-Rinder. Die Weiden, auf denen die Tiere ganzjährig im Herdenverbund leben, werden ohne chemischen Pflanzenschutz oder künstlichem Dünger bewirtschaftet. Die Tiere kommen erst mit etwa 3 Jahren auf den Schlachthof. Fleisch und Wurst gibt es auf Bestellung zu festgelegten Abholtagen. Der Hof kann am »Tag der Offenen Höfe in der Nuthe-Nieplitz-Region«, am ersten Sonntag im Mai und im November, besichtigt werden. Alt-Löwenbruch 57, 14974 Löwenbruch 03378-204 60 80 service@galloway-loewenbruch.de • www.galloway-loewenbruch.de Auf Anfrage

9 Hof Alt Domigk

Der Hof der Familie Hüsgen liegt mitten im Dorf Groß Ziescht. Hier werden Pustertaler Schecken gezüchtet, eine vom Aussterben bedrohte Rinderrasse, daneben die ebenfalls bedrohte Art Rotbuntes Husumer Schwein. Fleisch und Wurst können nach Vorbestellung abgeholt werden. Im Nachbargebäude wird der familienfreundliche Ferienbauernhof »Neu Domigk« mit zwei Ferienwohnungen betrieben. Hier leben zusätzlich noch Ponys, Katzen, Kaninchen und Hühner. Groß Zieschter Dorfstr. 2, 15837 Baruth 033704-661 61 alt-domigk@t-online.de • www.alt-domigk.de Nach Absprache

10 Hofladen Rehagen

In einem historischen Bauernhof eröffnete Torsten Groß 2003 seinen Hofladen, in dem er neben frischem Biogemüse und -obst (teilweise aus eigenem Anbau) ein breites Sortiment von Biolebensmitteln und Produkten aus der Region verkauft. Im Umkreis von 25 Kilometern wird ein Lieferkistenservice angeboten. - Eine Sehenswürdigkeit im Ort ist das Schlafwagenhotel Bahnhof Rehagen, in dem man am Wochenende (nach Reservierung) gehobene französische Küche genießen kann. Rehagener Dorfaue 9, 15838 Rehagen 033703-68 966 hofladen-rehagen@web.de • www.hofladen-rehagen.de Freitag 10–18 Uhr, Samstag 9–12 Uhr

11 Imkerei Braußе

Jürgen und Jutta Braußе betreiben direkt neben ihrem Wohnhaus einen kleinen Hofladen. Dort verkaufen sie Honig, Wachs, Kerzen, Propolis, Kosmetik und weitere Honigprodukte. Wenn die Braußes nicht zu Hause sind oder man sie nicht stören möchte, lassen sich einige Produkte auch rund um die Uhr an einem Automaten erwerben, darunter immerhin zwölf Honigsorten, Honigbonbons, Honiggummibärchen und Bioeier. Blankenseer Dorfstraße 2, 14959 Blankensee 033731-800 26 info@apis-brausse.de • www.apis-brausse.de Ganztägig geöffnet, wenn anwesend (am besten vorher anrufen); Honigautomat: rund um die Uhr

⓬ Kartoffellagerhaus Dahme

Das Kartoffellagerhaus in Dahme/Mark ist eines der größten Vermehrungszentren für Brandenburger Kartoffeln. Es wird von vier Agrargenossenschaften gemeinsam betrieben, die 36 verschiedene Kartoffelsorten anbauen und hier in großem Stil über den Winter einlagern. Wer sich nicht an der Baumarktatmosphäre stört, bekommt in der Lagerhalle neben Kartoffeln auch Wurstkonserven, Käse, Eier, Äpfel, Getreideprodukte, Honig, Saft und Wein. Niendorfer Landstraße 1, 15936 Dahme/Mark 035451-204 kartlada@freenet.de Montag bis Freitag 7–12 Uhr & 12.30–15.30 Uhr, Samstag 8–11 Uhr

⓭ Landwirtschaftsbetrieb Herzlieb

Der Hof des Landwirts Rainer Herzlieb ist von Oktober bis April ein beliebtes Ziel für Fleischfans von nah und fern. Alle 14 Tage gibt es bei ihm frisches Rind- und Schweinefleisch aus Hausschlachtung, dazu Grillwürste, Geräuchertes, Leberwurst, Blutwurst oder Hackepeter in Gläsern. Die Herzliebs halten etwa vierzig Schweine, die hauptsächlich mit selbst angebautem Getreide gefüttert werden, sowie eine Mutterkuhherde mit zwanzig Tieren. Die Rinder leben ganzjährig auf der Weide. Thyrower Dorfstraße 11, 14974 Thyrow 033731-154 59 Oktober bis April: alle 14 Tage samstags 9–18 Uhr

⓮ Lienig Wildfrucht-Verarbeitung

Mitte der 1990er Jahre begann Familie Lienig mit dem Anbau und der Verarbeitung von Sanddorn, Aronia und der indianischen Knollenpflanze Topinambur. Mittlerweile beliefern die Lienigs mit ihren Produkten Nahrungsmittelhersteller in ganz Europa. Vor Ort in Dabendorf bekommt man Säfte, Pulver, Öle, Liköre und Sirups aus den genannten drei Pflanzen, denen viele gesundheitsfördernde Eigenschaften zugeschrieben werden. Märkische Straße 66 (Gewerbegebiet), 15806 Dabendorf 03377-32 80 info@lienig.com • www.lienig.com Montag bis Freitag 8.30–16.30 Uhr

⓯ Manufaktur Drei Jahreszeiten

Susanne Ludwig, Leo Tiede und Phil Hartmann produzieren in ihrer Manufaktur Fruchtaufstriche, Chutneys und Sirups aus regionalen Zutaten. Daneben verkaufen sie in ihrem Hofladen weitere Bioprodukte wie Milch, Brot, Tee und Wein sowie frisch gebackenen Kuchen und Kaffee. Alle Manufaktur-Produkte sind über einen Onlineshop verfügbar bzw. werden über einen Biokisten-Lieferservice in der näheren Umgebung vertrieben. Hauptstraße 22, 15838 Am Mellensee 0174-161 40 18 info@drei-jahreszeiten.com • www.drei-jahreszeiten.com Ab Frühsommer 2020: Donnerstag 9–11 Uhr, Samstag 10–16 Uhr

16 Mühle Steinmeyer

Seit 1932 betreibt Familie Steinmeyer in Luckenwalde das Müllerhandwerk. Heute verarbeitet die elektrisch betriebene Mühle vorwiegend den regional typischen Roggen und verkauft die daraus erzeugten Mehle und Schrote an Bäckereien und Privatkunden. Karin Steinmeyer, die Enkelin des Firmengründers, hat die Modernisierung des Traditionsbetriebs konsequent vorangetrieben und stemmt sich mit Elan gegen die industrielle Konkurrenz. Ihre Vorteile in diesem Kampf sind die Auswahl besten Getreides, die handwerkliche Verarbeitung und die kurzen Lagerzeiten – so bleiben Vitalstoffe und Aromen erhalten und Zusatzstoffe können draußen bleiben.

Im Mühlenladen bekommt man frisch gemahlenes Roggen-, Weizen-, Dinkel- und Buchweizenmehl, dazu Schrote und Brotbackmischungen in Varianten wie Bruschetta, Pizza-Rosmarin oder Kartoffelbrot. Ergänzt wird das Sortiment um Naturkostprodukte wie Dinkelkekse, Müslis, Nudeln, Hefe, Sauerteig und Brotgewürze. Wer mehr über das Müllerhandwerk erfahren möchte, der kann nach Voranmeldung an einer Führung mit Karin Steinmeyer teilnehmen oder die Mühle am Tag der Offenen Höfe in der Nuthe-Nieplitz-Region besichtigen.

Mühle Steinmeyer, Ruhlsdorfer Chaussee 26, 14943 Luckenwalde
03371-61 07 70 / 0175-876 78 20 muehle-steinmeyer@t-online.de
www.muehle-steinmeyer.de Montag bis Freitag 9–17 Uhr

17 Obermühle Gottsdorf

In seiner historischen Wassermühle, die von der Familie schon seit 1904 betrieben wird, verarbeitet Markus Röthel Bio-Getreide von eigenen Feldern und aus der Umgebung und beliefert damit unter anderem die Bäckerei Fahland in Potsdam. Seit einigen Jahren hat sich die Zucht von Welsh-Black-Rindern zum zweiten Standbein entwickelt. Die Tiere leben ganzjährig im Freien. Geschlachtet und verkauft wird ein- bis zweimal im Monat. An der Obermühle 12, 14947 Gottsdorf 033732-403 14 info@obermuehle-gottsdorf.de • www.glueckliche-rinder.de Auf Anfrage, die Termine für den Fleischverkauf finden sich auf der Webseite

18 Pilzhof Piesker

Im Jahr 2004 haben Wolfgang und Gabriela Piesker ihre Pilzbegeisterung zum Beruf gemacht. In einer eigens ausgebauten Scheune züchten sie verschiedene Arten asiatischer Speise- und Arzneipilze, die frisch, getrocknet, als Pulver oder als Tee auf verschiedenen Märkten in und um Berlin, im Online-Shop und nach Vereinbarung auch vor Ort verkauft werden. Angeboten werden auch Führungen mit anschließendem Pilzessen. Zossener Chaussee 18, 15838 Mellensee 03377-302001 pilzhof-piesker@gmx.de • www.pilzhof-piesker.de Nach Absprache

19 Spargelgut Diedersdorf

Auf dem Spargelgut Diedersdorf verkauft Familie Hoffmann zur Saison selbst angebauten Spargel und Erdbeeren, Freilandeier, Frühkartoffeln, Sauce Hollandaise und (im April und Mai) auch Balkon- und Gartenblumen. Auf der großen Sonnenterrasse und im Restaurantzelt werden Spargelgerichte serviert. Für Kinder gibt es einen großen Spielplatz. Im Dezember öffnet der Hofladen erneut: Dann sind Weihnachtsbäume von der eigenen Nordmanntannenplantage im Angebot. Birkholzer Str. 103, 14979 Diedersdorf 03379-20 33 55 diedersdorferspargel@gmx.de • www.spargelgut-diedersdorf.de April bis Juni: täglich von 9–19 Uhr

20 Spargelhof Frankenförde

Im LiVe Landladen von Familie Vestjens auf dem Spargelhof Frankenförde findet man ganzjährig ein Sortiment an regionalen Produkten und ein Imbissangebot mit deftiger Hausmannskost. In der Saison steht natürlich der frische Spargel im Mittelpunkt, es gibt aber auch Kartoffeln und Fruchtaufstriche aus eigener Herstellung sowie Säfte, Honig, Kürbiskernöl, Milchprodukte, Getreide und weitere Produkte von benachbarten Erzeugern. Zülichendorfer Landstraße 2, 14947 Frankenförde 03371-689 78 51 info@spargelhof-frankenfoerde.de • www.spargelhof-frankenfoerde.de Montag bis Freitag 7–17 Uhr

Mahlwerk in der Obermühle Gottsdorf

21 Spargelhof Siethen

Der Spargelhof Siethen verkauft in seinem Hofladen zur Saison täglich weißen und grünen Spargel, Kartoffeln, Erdbeeren, Honig, Eier, Gemüse, Räucherfisch, Backwaren und Wein. Im Restaurant und auf den Bierbänken vor dem Hof können die Gäste auch warme Spargelgerichte oder Kaffee und Kuchen genießen. Für Kinder werden regelmäßig zwei Hüpfburgen aufgeblasen. Wem das zu viel Trubel ist, der spaziert nach dem Einkauf einfach um den Siethener See. Siethener Dorfstraße 13, 14974 Siethen 03378-87 43 38 info@spargelhof-siethen.de • www.spargelhof-siethen.de Während der Saison: täglich 8–19 Uhr

Potsdam-Mittelmark

Hofladen auf dem Syringhof

1 Bauer Stefan

Luise und Stefan Luczkowski betreiben neben ihrem Mahl- und Mischbetrieb auch eine kleine Landwirtschaft und halten in zwei mobilen Ställen Freilandhühner, die sie mit selbst produziertem Futter versorgen. Die Eier verkaufen sie an mehreren Automaten an ihrem Standort in Elisabethhöhe, vor dem Gartencenter Geltow (Hauffstraße 41, 14548 Schwielowsee) und hinter der Waschbox in Werder (Phöbener Str. 85, 14542 Werder). Goethestr. 9, 14542 Elisabethhöhe 0173-620 09 89 info@bauer-stefan.com • www.bauer-stefan.com Täglich rund um die Uhr

2 Beelitzer Frischei

Die Beelitzer Frischei GmbH gehört mit einem Bestand von mehreren Zehntausend Legehennen zu den großen Eierproduzenten in Brandenburg. Die Hühner leben hier in Boden- und Freilandhaltung unter möglichst artgerechten Bedingungen; auf das anderswo übliche Kürzen der Schnäbel wird verzichtet. Im Hofladen gibt es neben frischen Eiern auch Beelitzer Eierlikör, Eiernudeln aus eigener Herstellung und weitere regionale Produkte wie Wild- und Lammfleisch sowie luftgetrocknete Salami vom Schwein. Amselweg 9, 14547 Beelitz 033204-348 02 kimmel@beelitzer-frischei.de www.beelitzer-frischerei.de Freitag 11–17 Uhr

3 Biohof am Butzelberg

Seit 1993 gibt es diesen Biolandhof, der mitten im Landschaftsschutzgebiet Brandenburger Osthavelniederung vor allem Gemüse, Brombeeren, Himbeeren, Stachelbeeren, Johannisbeeren und Pflaumen anbaut. Der Butzelberg liegt in Sichtweite zum 109 Meter hohen Götzer Berg, auf dem ein 42 Meter hoher Aussichtsturm herrliche Ausblicke eröffnet. Sehr empfehlenswert ist auch ein Spaziergang entlang der Deetzer Erdlöcher, ehemaligen Tongruben, die heute ein mit der Havel verbundenes Netz aus kleinen Seen bilden. Götzer Straße 45, 14550 Deetz 0171-242 21 48 christine@edert.de Nach Vereinbarung

4 Brandenburg-Spezialitäten

In der Manufaktur von Frank Freiberg entstehen Säfte, Fruchtaufstriche, Fruchtsoßen, Sirups, Weine, Liköre und Essige aus (Wild-)Früchten wie Aronia, Mirabelle, Holunder, Brombeere und Schlehe. Zu kaufen gibt es all das im Brandenburg-Spezialitäten-Laden – neben Käse, Senf, Gewürzen, Schokolade, Honig, Ansichtskarten und Kunsthandwerk aus der Region. Wer noch ein Plätzchen findet, kann hier auch bei Kaffee und Kuchen verweilen, bevor er am Ufer des Schwielowsees spazieren geht. Dorfstraße 21, 14548 Ferch 033209-847 11 f.frbg@t-online.de • www.brandenburg-spezialitaeten.de Montag bis Sonntag 11–19 Uhr

5 Döberitzer Heide-Galloways

Die Galloways, Wasserbüffel und Burenziegen von Familie Querhammer leben in ganzjähriger Freilandhaltung in den Niedermoorgebieten am Rande der »Döberitzer-Heide« und in Landschaftsschutzgebieten in Berlin, wo sie einen Beitrag zur natürlichen Landschaftspflege leisten. Haltung, Zucht und Schlachtung erfolgen nach Bioland-Richtlinien. Das Biofleisch wird in haushaltsgerechten Portionen zerlegt und ausschließlich an Privatkunden verkauft. Döberitzer Straße 29, 14476 Fahrland 033208-508 84 info@doeberitzerheide-galloways.de • www.doeberitzerheide-galloways.de Nach Vorbestellung zu festgelegten Verkaufsterminen

6 Erlebnishof Kützkow

Auf dem Erlebnishof Kützkow leben Strauße, Zeburinder und verschiedene Schweinerassen. Im kleinen Hofladen gibt es Salami, Bratwurst, Leberwurst, Pasteten, Schmalz, tiefgefrorenes Fleisch sowie hausgemachte Gurken und naturtüben Apfelsaft. Zum Hof gehören ein Campingplatz mit Zugang zur Havel und das Restaurant »Zum Nussbaum«, in dem Spezialitäten aus Straußenfleisch serviert werden. Ein Erlebnis ist auch die Überfahrt nach Kützkow mit der Fähre Pritzerbe. Fährstr. 7, 14798 Kützkow 033834-513 09 erlebnishofkuetzkow@gmail.com • www.erlebnishof-kuetzkow.de Mittwoch bis Montag 11–21 Uhr

Mohn auf dem Biohof am Butzelberg

7 Fischfarm 25 Teiche

Seit der Übernahme durch Susanne und Matthias Engels im Jahr 2013 hat sich der frühere Forellenhof Rottstock zur kulinarisch und ästhetisch ambitionierten Fischfarm 25 Teiche gewandelt. Vieles sieht hier etwas schicker aus, als man es von anderen Fischereien gewohnt ist, im Bistro kann man Latte Macchiato bestellen und neben Forelle und Saibling liegen in der Auslage Stör und hauseigener Kaviar.

Im Kern ist das Konzept aber bodenständig geblieben: Es geht um frischen und hochwertigen Fisch aus den namengebenden 25 Teichen, die von einer eigenen Quelle mit stets frischem Wasser versorgt werden. Dieser »Gesundbrunnen« hatte sich im Jahr 1659 plötzlich aufgetan und war wegen der vermeintlichen Heilkräfte seines Wassers lange ein beliebter Pilgerort. Heute kommt das Publikum eher wegen der Fische. Die werden vor Ort verkauft, aber auch an zahlreiche Spitzengastronomen in Berlin und Potsdam geliefert.

Die Produktpalette im Hofladen umfasst neben Fisch, den es fangfrisch oder über Erlenholz geräuchert gibt, Kaviar vom Rottstocker Stör, Honig von Rottstocker Bienen und einen Wodka, den der österreichische Destillateur Josef Farthofer aus Biogetreide und original Rottstocker Quellwasser herstellt. Alles, was sich in Gläser, Flaschen oder Dosen füllen lässt, trägt ein Etikett in modernem Design und mit dem hofeigenen »Hooks & Sturgeon«-Signet.

Im Bistro kommen Bratkartoffeln und verschiedene Sorten Fisch in die

Pfanne und werden zu appetitlich angerichteten Mahlzeiten kombiniert. Daneben gibt es Fischbrötchen oder Bockwurst vom regionalen Metzger. Auf der Terrasse und auf den Bänken, die sich über die große Wiese verteilen, lässt es sich auch bei einer Tasse Kaffee und einem Stück Kuchen ganz gut aushalten.

Wer gern aktiv wird, der kann gegen eine Gebühr an ausgewählten Teichen (ohne Angelschein) sein Anglerglück versuchen. Zubehör und Köder können vor Ort gekauft bzw. entliehen werden. Das Ausnehmen des Fangs übernehmen bei Bedarf dann gern die Profis. Bei denen kann man auch in verschiedenen mehrstündigen oder ganztägigen Seminaren und Workshops mehr über die Fischfarm erfahren, die eigenen Angelkenntnisse verbessern, das Räuchern lernen oder auf einem Segelboot fischen. Auch ganze Events sind buchbar.

Die 25 Teiche verfügen zudem über ein kleines Mini-Hotelresort, bestehend aus fünf Hoteltürmen, die in Größe und Form an kleine Leuchttürme erinnern. Auf einem gibt es eine kleine Dachterrasse, von der aus man nachts einen tollen Blick in den Sternenhimmel über dem Hohen Fläming hat.

Fischfarm 25 Teiche, Dorfstraße 26 A, 14793 Rottstock
0178-880 00 20 • info@25teiche.com • www.25teiche.com • Januar bis März: Mittwoch bis Freitag 10–16 Uhr, Samstag & Sonntag 9–16 Uhr, April bis Oktober: Dienstag bis Freitag 10–18 Uhr, Samstag & Sonntag 9–18 Uhr, November bis Dezember: Mittwoch bis Freitag 10–16 Uhr, Samstag & Sonntag 9–16 Uhr

8 Fläming Wildhandel

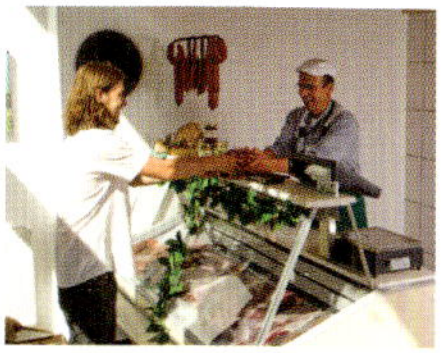

Im prächtig restaurierten Vierseithof von Familie Griebsch wird Wildfleisch aus verschiedenen Jagdrevieren in der Umgebung verkauft. Das Unternehmen beliefert viele Restaurants, Bioläden und Fleischereien. Je nach Jagdglück sind im Hofladen wechselnde Mengen von Reh-, Rot-, Dam- und Schwarzwild im Angebot. Stets vorhanden sind Wurst- und Schinkenspezialitäten sowie Küchenutensilien, Wein und regionale Produkte von Partnerbetrieben. Bardenitzer Dorfstraße 56, 14929 Bardenitz 033748-155 97 info@flaeming-wildhandel.de • www.flaeming-wildhandel.de Montag bis Freitag 7–17 Uhr, Samstag 8–12 Uhr, Sonntag 9–11 Uhr

9 Foerster-Stauden

Der Staudenzüchter und Gartenphilosoph Karl Foerster begann 1912 mit der Anlage seines Schau- und Versuchsgartens, der 2001 als Gartendenkmal rekonstruiert wurde. Im »Einkaufsgarten« der benachbarten Gärtnerei werden auf 4.500 Quadratmetern über 2.000 verschiedenen Stauden angeboten, darunter auch Gewürzkräuter und Obstgehölze sowie Gartenzubehör, Sämereien und Gartenliteratur. Am Raubfang 6, 14469 Potsdam-Bornim 0331-567 26 15 haertel@foerster-stauden.de www.foerster-stauden.de Ab Mitte März: Montag bis Samstag 9–19 Uhr, Sonntag 11–14 Uhr, der Foerstergarten ist ganzjährig täglich bis Sonnenuntergang zu besichtigen

Auf dem Innenhof von Fläming Wildhandel

10 Forellenhof Locktow

Der Forellenhof Locktow liegt im Naturpark Hoher Fläming, direkt an der Plane, einem der klarsten Bäche Brandenburgs. In der großen Anlage mit 50 Becken und mehreren Angelteichen werden vor allem Forellen gezüchtet. Den Fisch gibt es im Hofladen frisch, geräuchert oder auch als Fischschinken. Auf der überdachten Terrasse kann man auch gleich vor Ort einen Imbiss verzehren. Mühlenstraße 8 a, 14806 Locktow 0157-314 42 325 info@flaemingforelle.de • www.flaemingforelle.de/locktow.php Freitag 10 – 16 Uhr, Samstag 9 – 11.30 Uhr

11 Glina Whisky Destillerie & Schultz'ens Siedlerhof

Die Vorfahren der Familie Schultz siedelten sich schon Ende des 19. Jahrhunderts auf dem Gut Elisabethhöhe nahe Werder an. Ausgehend vom ursprünglichen Schwerpunkt der hiesigen Landwirtschaft, dem Getreideanbau, hat Michael Schultz auf dem 1991 als Schultz'ens Siedlerhof wiederbegründeten Hof in den letzten Jahren eine Whisky-Destillerie aufgebaut, in der verschiedene preisgekrönte Sorten Whisky, Gin und Obstbrände entstehen. Die Zutaten für den Glina-Whisky – Roggen, Gerste und Quellwasser – stammen alle vom eigenen Land.

Die Whiskys werden mindestens fünf Jahre gelagert, teils in neuen Eichenfässern, die der letzte aktive Böttchermeister in Brandenburg herstellt, teils in alten Sherry-, Wein- oder Obstweinfässern. Alle Sorten sind unfiltriert und frei von zugesetzten Farbstoffen. Das ganze Sortiment kann im Internet bestellt oder vor Ort gekauft werden. Im Hofladen gibt es neben dem Hochprozentigen auch Obstwein, Liköre und zur Saison frischen Spargel, was auf das zweite Standbein des Hofes verweist: den Obst- und Spargelanbau. Führungen durch die Destillerie (inklusive Verkostung) können gebucht werden. Regelmäßig veranstaltet die Destillerie auch Whiskyabende, im Frühjahr gibt es ein mehrtägiges Baumblütenfest und in der Adventszeit einen Weihnachtsmarkt. Glina Whisky Destillerie, Karl-Liebknecht-Str. 17, 14542 Elisabethhöhe 03327-507 93 36 info@glina-whisky-shop.de • www.glina-whisky.de Täglich 10 – 18 Uhr

12 Gut Herrenhölzer

Auf Gut Herrenhölzer werden Spargel, Erdbeeren und Heidelbeeren angebaut und verkauft. Daneben gibt es im Hofladen auch Tomaten, Kartoffeln, Wein, Wurst, Käse aus der Uckermark, Fruchtaufstriche aus eigener Herstellung, Waffeln und andere regionale Produkte. Im Hofrestaurant oder im Biergarten lässt sich der Spargel auch vor Ort genießen. Hofführungen und Kremserfahrten können telefonisch gebucht werden (Hr. Becker, 0173-202 66 67). Gutsstraße 1, 14789 Bensdorf 033839-616 86 gut-herrenhoelzer@t-online.de • www.herrenhoelzer.de In der Spargelsaison: Montag bis Freitag 8 – 19 Uhr, Samstag, Sonntag & feiertags 8 – 18 Uhr

13 Gut Schmerwitz

Bio

Gut Schmerwitz liegt in der hügeligen Landschaft des Hohen Fläming zwischen idyllischen Alleen und heckenumsäumten Feldern, auf denen sich Bäume zu kleinen Feldholzinseln gruppieren. Auf 1.500 Hektar wird hier biologische Landwirtschaft betrieben – mit Streuobstwiesen, Getreideanbau und der artgerechten Haltung von knapp 10.000 Hühnern, 100 Edelschweinen und einer kleinen Herde Merino-Schafe. Im Hofladen werden selbst erzeugte Produkte wie Obst, Gemüse, Kartoffeln, Getreide, Eier, Säfte sowie Fleisch und Wurst verkauft. Daneben gibt es ein umfangreiches Sortiment an Bio-Lebensmitteln aus der Region und täglich frische Backwaren von der Biobäckerei Fahland aus Potsdam. Das Gut beherbergt auch eine Töpferei, in der es klassisch gestaltete Gebrauchskeramik gibt sowie ein in skandinavischem Schick eingerichtetes Töpfer-Café, in dem selbstgebackener Kuchen, herzhafte Snacks und kleine Gerichte serviert werden. Nach der Stärkung empfiehlt sich ein Spaziergang rund um den denkmalgeschützten Gutshof, zur romantische Gutskirche und durch das Dorf Schmerwitz. Für alle, die die Landidylle etwas länger genießen wollen, gibt es hier auch zwei modern eingerichtete Ferienwohnungen.

Gut Schmerwitz, Schmerwitz 8, 14827 Wiesenburg/Mark
033849-90 80 • info@gut-schmerwitz.de • www.gut-schmerwitz.de • Montag bis Freitag 9–17 Uhr, Samstag 9–16 Uhr, Töpfercafé: Dienstag bis Sonntag 10–18 Uhr

14 Hof Havelsee »Bosparagus«

Auf ihrem Demeterhof hält Kirstin Schulze in ganzjähriger Weidehaltung eine Herde Heckrinder und baut verschiedene Getreidesorten sowie Spargel an. Direkt ab Hof verkauft werden zur Saison im Frühjahr Spargel und ganzjährig Rindfleisch (in gemischten Paketen zu 5 oder 10 Kilo). Eine Anmeldung für den Fleischverkauf ist erforderlich, auch beim Spargel ist eine Vorbestellung – vor allem am Wochenende – ratsam. Kaltenhausen 3, 14798 Briest 03381-40 25 41 info@hof-havelsee.de www.hof-havelsee.de April bis Juni: täglich 8–18 Uhr, Fleischverkauf einmal im Monat nach telefonischer Absprache

15 Hofkäserei Hennig

Familie Hennig bewirtschaftet auf der Havelinsel Töplitz seit 1952 einen Vierseitenhof mit Milchkühen. Das Viehfutter wird selbst angebaut. Die studierte Lebensmitteltechnikerin Daniela Hennig hat 2009 die hofeigene Käserei eröffnet, in der sie mit viel Handarbeit Käse, Quark und Joghurt herstellt. Neben frischer Rohmilch gibt es hier auch Spezialitäten wie Frischkäse mit Kräutern, Töplitzer Weißschimmel mit Walnuss, Butterkäse mit Bockshornklee oder Töplitzer Blauschimmel. Weinbergstraße 18, 14542 Töplitz 0174-171 08 78 hofkaeserei.hennig@t-online.de • www.hofkaeserei-hennig.de Freitag 10–18 Uhr

16 Hofladen Roskow

Im Hofladen der Agrargenossenschaft Weseram gibt es zur Saison Roskower Spargel und ganzjährig Säfte aus der Mosterei Ketzür, Marmeladen der Hersteller »rosenrot & feengrün« und »marmelo«, regionale Fleisch- und Wurstwaren, Eier, Milchprodukte, Kartoffeln, Honig, Wein, Kaffee aus Himmelpfort und andere Produkte. Daneben sind auch Obst und Gemüse im Angebot, wenn auch nicht immer aus der Region. Schwarzer Weg, 14778 Roskow 033831-302 27 info@havelland-weseram.de www.havelland-weseram.de Montag bis Samstag 8–18 Uhr, Sonntag und feiertags 8–14 Uhr

17 Jakobshof Beelitz

Die Brüder Josef und Jürgen Jakobs betreiben zwei Höfe, die aus der Region Beelitz nicht mehr wegzudenken sind. Im »Landladen« des Jakobshofs Beelitz werden viele, meist regionale Produkte angeboten – von Obst und Gemüse über Fleisch und Wurst, Honig und Säfte, Eier und Kartoffeln bis hin zu Blumen und Dekorationsartikeln. Aus eigenem Anbau gibt es zur jeweiligen Saison Spargel, Heidelbeeren und Kürbisse. Kähnsdorfer Weg 1a, 14547 Beelitz 033204-627 27 info@jakobs-hof.de • www.jakobs-spargel.de März bis Juni: täglich 8–20 Uhr, Juli bis September: täglich 10–20 Uhr, Oktober bis Dezember: täglich 10–18 Uhr

18 Josef-Jakobs-Spargelhof Schäpe

Neben einem Restaurant mit Biergarten findet sich auf diesem 1996 gegründeten Hof ein großer »Landladen«, in dem man Obst und Gemüse der Saison – natürlich auch Spargel aus eigenem Anbau – bekommt. Daneben werden viele regionale Produkte wie Wildfleisch, Wurst, Kaninchenspezialitäten, Schafskäse, Kürbiskernöl, Eier, Marmeladen, Honig und Säfte angeboten. Schäpe 21, 14547 Schäpe 033204-419 70 info@jakobs-spargel.de • www.jakobs-spargel.de April bis Juni: täglich 7–20 Uhr, Juli bis September: Montag & Mittwoch bis Freitag 11–19 Uhr, Samstag & Sonntag 9–19 Uhr, Oktober bis Dezember: Donnerstag bis Sonntag 11–21 Uhr

19 Kaffeemanum Privatrösterei

Weil Volker Behrendt in seiner kleinen Kaffeerösterei fast alles mit der Hand macht, hat er ihr den Namen »Kaffeemanum« gegeben. In einem gasbetriebenen Trommelröster röstet er ausgewählte Kaffees und verkauft sie dann sortenrein oder als Mischung. Behrendt nimmt sich Zeit für individuelle Beratung, serviert auch im Laden gern frisch gebrühten Kaffee und bietet abendliche Kaffeeseminare an. Kaffeemanum-Produkte gibt es auch bei Einzelhändlern in der Region und im Onlineshop. Ruhlsdorfer Platz 1, 14513 Teltow 03328/444 60 01 info@kaffeemanum.de • www.kaffeemanum.de Dienstag bis Freitag 12–19 Uhr, Samstag 10–13 Uhr

20 Laekurhof

Auf dem Islandpferdegestüt in Groß Briesen werden auch Hereford- und Angusrinder gehalten. Die Tiere leben ganzjährig im Herdenverbund auf Weiden, die ohne Pestizide, Herbizide und Stickstoffdünger bewirtschaftet werden. Die Kälber bleiben bis zum Alter von etwa 9 Monaten bei der Mutter und ernähren sich nur von Milch und später dann auch von Gras, Heu oder Silage. In regelmäßigen Abständen wird ein Jungbulle geschlachtet, das Fleisch kann im Internet vorbestellt und dann abgeholt werden. Kietz 11, 14806 Groß Briesen 033846-416 73 info@laekurhof.de • www.laekurhof.de Fleischabholung nach Absprache zu festgelegten Terminen

21 Mosterei Ketzür

Im Hofladen der Mosterei Ketzür werden vor Ort hergestellte Fruchtsäfte in besonderen Mischungen (wie Apfel-Quitte oder Apfel-Sanddorn) und in bunt etikettierten Flaschen verkauft. Daneben gibt es Seccos und Obstweine, Kräutertees, Speiseöl, Honig, Fruchtpapier, Senf und Dips, Sanddorngummibärchen, Mehlmischungen, Kerzen, Seifen und Kosmetik – alles von Herstellern aus Berlin und Brandenburg. Ketzürer Dorfstraße 30, 14778 Ketzür 033836-205 23 mail@mosterei-ketzuer.de • www.mosterei-ketzuer.de Dienstag 10–12 Uhr, Freitag 16–18 Uhr

22 Neumann's Erntegarten und Hofladen

In Martina und Gerhard Neumanns Erntegarten können zahlreiche Obstsorten wie Äpfel, Kirschen und Erdbeeren selbst gepflückt werden. Im Hofladen gibt es neben Obst und Gemüse auch Konfitüre aus eigener Herstellung, Honig, Freilandeier Obstsäfte und -weine, Sanddornprodukte und weitere regionale (Bio-)Produkte. Im Garten werden Kaffee, hausgebackener Kuchen und herzhafte Kleinigkeiten serviert. Kinder freuen sich über das herumlaufende Klein- und Federvieh. Am Heineberg 2, 14469 Potsdam 0152-320 14 208 info@hofladen-potsdam.de • www.hofladen-potsdam.de Juni bis September: Mittwoch bis Sonntag 9–18 Uhr, November bis Mai: Samstag & Sonntag 11–17 Uhr

23 Obstbrennerei Kullmann & Sohn

Die Obstbrennerei Kullmann & Sohn produziert seit 1993 verschiedene Obstbrände, Obstgeiste und Likörspezialitäten. Im Hofladen, der hier sinniger Weise Schnapsstübchen heißt, wird das ganze Sortiment angeboten – inklusive des weltweit ersten aus Äpfeln gebrannten Wodkas. Verkostet werden können die Hochprozenter im Rahmen einer Brennereiführung. Sofern man noch nüchtern ist, lohnt ein anschließender Besuch des Schlossparks im nahen Wiesenburg. Hohenlobbeser Weg 2, 14827 Reppinchen 033847-400 01 post@havelland-obstler.de • www.havelland-obstler.de Montag bis Freitag 9.30–15.30 Uhr und nach Vereinbarung

24 Obstgut Marquardt

Auf dem Obstgut Marquardt können Erdbeeren, Kirschen, Äpfel, Pflaumen und Pfirsiche selbst geerntet werden. Wer daran keine Freude hat, kann das Obst auch in der Hofladenscheune erwerben. Dort gibt es auch regionale Produkte wie Fruchtaufstriche, Obstsäfte, -weine und -brände, eingelegte Gurken, Wurstspezialitäten und handgefertigte Keramik. Mit Blick auf die Apfelplantagen und den Trecker-Spielplatz kann man hier auch bei Kaffee und Kuchen entspannen. Obstscheune an der B273, Abfahrt Satzkorn (Schwarzer Weg), 14476 Potsdam 033208-577 18 obstgut@t-online.de • www.obstgut.de Täglich 9–18 Uhr

25 Obsthof Lindicke

Im Hofladen von Familie Lindicke werden Obst, Kürbisse und Walnüsse aus eigener Produktion verkauft, dazu selbst hergestellte Fruchtaufstriche und Gelees, Obstweine, Säfte und Kirschsecco. Ergänzt wird das Angebot durch regionale Produkte wie Wein vom Werderaner Wachtelberg, Brände und Liköre, Havelländer Honig, Öle, Milch, Freilandeier, Butter und Wurst. Zur Saison können Kirschen, Äpfel und Birnen selbst gepflückt werden. Am Plessower Eck 1, 14542 Plötzin 03327-456 24 obsthof.lindicke@t-online.de • www.obsthof-lindicke.de April bis Oktober: täglich 9–18 Uhr, November bis März: Donnerstag & Freitag 9–18 Uhr, Samstag 9–16 Uhr

26 Potsdamer SauenHain

Clemens Stromeyer hält etwa 200 Schweine ganzjährig auf großen Weiden. Die Muttertiere leben auf einer Streuobstwiese und bringen ihre Ferkel im Schutz der Bäume zur Welt. Natürliches Futter, artgerechte Haltung, eine lange Lebenszeit und eine stressfreie Schlachtung in einer biozertifizierten Schlachterei führen zu hervorragender Fleischqualität und zugleich zu einem guten Gewissen beim Konsumenten. Jede Woche werden etwa drei Tiere geschlachtet, geliefert wird immer freitags. Carl-von-Ossietzky-Straße 31, 14471 Potsdam 0331-582 574 36 hallo@potsdamer-sauenhain.de www.potsdamer-sauenhain.de Verkauf nur im Onlineshop

27 Q-Regio-Hofladen Potsdam

Neben Templin und Prenzlau verfügt auch Potsdam über einen Q-Regio-Hofladen. Dem Konzept entsprechend werden hier fast ausschließlich Produkte regionaler Produzenten verkauft, etwa von der Bauernkäserei Wolters, vom Büffelhof Bobalis, von Hemme Milch, der Apfelgräfin Daisy von Arnim, der Kelterei Gutshof Kraatz, der Klosterbrauerei Neuzelle, dem Straußenhof Berkenlatten, der Klostefelder Senfmühle, Gut Kerkow, Gut Temmen, homemade und vielen mehr. Gutenbergstraße 83, 14467 Potsdam 0331-64 75 10 91 q-regio.potsdam@gmx.de • www.q-regio.de Montag bis Freitag 9–19 Uhr, Samstag 8–15 Uhr

Q-Regio Hofladen Potsdam

28 Sanddorn-Garten Petzow

Direkt am Glindower See liegt der Sanddorngarten der Christine Berger GmbH. Die parkähnliche Anlage verfügt über einen Imbiss, ein Café mit Seeblick-Terrasse und gleich zwei Hofläden mit regionalen Produkten. Natürlich steht hier alles im Zeichen des orangeleuchtenden Sanddorns, den Firmengründerin Christine Berger seit Anfang der 1990er Jahre anbaut und verwertet. Über 50 Sanddornprodukte gehören zum Portfolio des Unternehmens, das heute von ihrer Tochter Dorothee geleitet wird: vom Sanddornsaft über Sanddornsecco bis hin zum Sanddorn-Fruchtaufstrich mit Chili und Guave. Das alles wird über den Handel regional und überregional vertrieben, aber natürlich bekommt man es auch im Sanddorngarten Petzow, der wegen seiner attraktiven Lage ein beliebtes Ausflugsziel für Tagesausflügler und Radfahrer ist. Kaffee, Kuchen und kleine herzhafte Speisen, die hier sowohl im Garten als auch drinnen serviert werden, sind sehr beliebt. Der Grundstoff für alle Sanddorn-Produkte ist aus dem Hause Berger Bio-Sanddorn, der in Brandenburg angebaut wird. Im Hofladen gibt es zudem selbst produziertes Obst, Gemüse und Blumen sowie Geschenkartikel, Naturkosmetik und Wohnaccessoires.

Fercher Str. 60, 14542 Petzow
03327-46 910 • info@sandokan.de • www.sanddorn-garten-petzow.de
Täglich 10–18 Uhr

29 Spargelhof am Storchennest

Auf dem Spargelhof von Harald Heinrich wird nicht nur Spargel angebaut, sondern auch Obst und Gemüse. Dementsprechend gibt es im Hofladen neben Spargel, Spargelschälern und einer Auswahl von Weißwein auch Äpfel, Kürbisse, Zucchini und Kartoffeln. Die Landidylle auf diesem gepflegten Hof wird komplettiert vom namengebenden Storchennest, in dem man mit etwas Glück die Vögel beim Paarungsgeklapper, beim Brüten oder beim An- und Abflug beobachten kann. Riebener Dorfstraße 25, 14547 Rieben 033204-347 14 service@spargelhof-am-storchennest.de • www.spargelhof-am-storchennest.de In der Saison täglich 8–20 Uhr

30 Spargelhof Beelitz

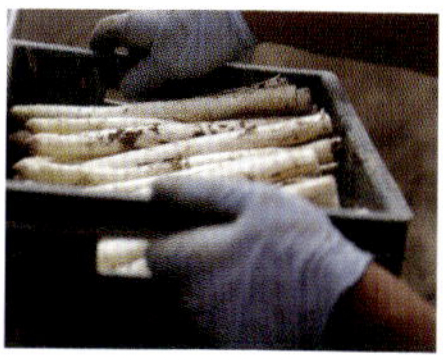

Auf einem ehemaligen Kasernengelände in Kloster Lehnin herrscht zur Spargelzeit Hochbetrieb. Hier lässt die Unternehmensgruppe Thiermann, Deutschlands größter Spargelproduzent, einige Hundert Saisonkräfte Spargel schälen und verpacken. Bis zu 40 Tonnen des begehrten Gemüses verlassen täglich den Hof. Verkauft wird aber auch direkt vor Ort und an einem Stand in der Galeria Kaufhof am Berliner Alexanderplatz. Beelitzer Straße 141, 14797 Kloster Lehnin 03382-741 00 kontakt@beelitzer-spargel.de • www.spargelhof-beelitz.de In der Saison täglich

31 Spargelhof Falkenthal

Auf dem Spargelhof von Jürgen Falkenthal geht es familiär zu. Im Hofladen gibt es neben dem weißen Spargel, den die Familie auf drei Hektar anbaut, auch frisches Obst von befreundeten Bauern und Besonderheiten wie Spargelschnaps. An Wochenenden und Feiertagen werden selbst gebackener Kuchen und frischer Kaffee serviert. Bei schönem Wetter genießt man die ländliche Ruhe auf der Terrasse im Innenhof, an kühlen Tagen knistert ein Kaminfeuer in der gemütlich ausgebauten Scheune. Kietz 31, 14547 Schlunkendorf 033204-341 83 info@spargelhof-falkenthal.de www.spargelhof-falkenthal.de In der Spargelsaison täglich 7–19 Uhr

32 Spargelhof Märkerland

Eine grüne Kuh ist das Markenzeichen des Spargelhofs Märkerland von Bernhard Falkenthal. Der Hof liegt im idyllischen Örtchen Schlunkendorf, das von weitläufigen Wiesen und Weiden umgeben ist. Im Hofladen bekommt man frischen Spargel, aber auch Kartoffeln, Wurst und Eier. An Wochenenden und Feiertagen gibt es Kaffee und ofenfrischen Kuchen, den man auf Bänken auf der großen Wiese genießen kann. Dorfstr. 1a, 14547 Schlunkendorf 033204-34 185 oder 0160-969 696 70 locke1978@hotmail.de • www.spargelhof-maerkerland.de In der Spargelsaison täglich 7–19 Uhr, Oktober & November: Kartoffelverkauf Samstag 10–13 Uhr

33 Spargelhof Elsholz

Familie Hentschel betreibt den wohl einzigen Spargelhof mit Bahnanschluss. Vom Haltepunkt Elsholz sind es gute 200 Meter bis zum Hofladen, der in einem kleinen Gewerbegebiet liegt. Neben Spargel gibt es hier auch Spargelschnaps, Brotaufstriche in Varianten wie Erdbeer-Spargel und ein kleines Sortiment an regionalen Produkten. Kaffee, Kuchen und Erfrischungen kann man auf Bierbänken unter dem Schutz von Partyzeltdächern zu sich nehmen. Bahnhofsweg 2 a, 14547 Elsholz 033204-63 59 01 order@spargelhof-elsholz.de • www.spargelhof-elsholz.de In der Spargelsaison Montag bis Donnerstag & Sonntag 9–18 Uhr, Freitag & Samstag 8–18 Uhr

34 Spargelhof Simianer

Familie Simianer betreibt Landwirtschaft in der vierten Generation und baut seit über 50 Jahren Spargel an. Auf dem Hof in Busendorf werden neben grünem und weißem Spargel auch Erdbeeren, Kirschen, Kartoffeln, Eier, Honig und verschiedene Weine und Spirituosen angeboten. Im Restaurant und dem vorgebauten Zelt speist man in rustikalem Ambiente. Parkplätze sind reichlich vorhanden. In den Steegwiesen 1, 14547 Busendorf 033206-44 34 spargelhof-simianer@t-online.de • www.beelitzer-spargel.com In der Spargelsaison täglich 6–20 Uhr

Auf dem Spargelfeld der Familie Simianer

35 Spargel- und Erlebnishof Klaistow

1991 begannen die Familien Buschmann und Winkelmann in Klaistow mit dem Spargelanbau. Inzwischen ist das Unternehmen mit 800 Hektar Anbaufläche einer der größten Spargelproduzenten in der Region Beelitz. Dass der Hof heute weit über die Region hinaus bekannt und beliebt ist, liegt sicher an dem seit 2003 konsequent betriebenen Ausbau zum »Erlebnishof«. Es gibt hier nicht nur einen Hofladen und ein Restaurant, sondern auch einen großen, abwechslungsreich gestalteten Spielplatz, eine Streichelwiese, ein Naturwildgehege, einen Kletterwald und weitläufige Erdbeer- und Heidelbeerplantagen, auf denen das Obst selbst gepflückt werden kann. Regelmäßig werden auch Konzerte und Feste veranstaltet, etwa jeden Herbst die große Berlin-Brandenburgische Kürbisausstellung mit Begleitprogramm.

Zu kaufen gibt es im Hofladen und an mehreren Verkaufsständen Spargel, Erdbeeren, Heidelbeeren, Kürbisse, außerdem Freilandgänse und -hühner aus eigener Erzeugung sowie weiteres Obst und Gemüse und andere regionale Produkte wie Nudeln, Tee, Gewürze, Senf, Gurken, Säfte, Spirituosen, Räucherfisch und Käse. Zusätzlich werden Geschenkartikel und Kunsthandwerk angeboten.

Spargel- und Erlebnishof Klaistow, Glindower Str. 28, 14547 Klaistow 033206-610 70
a.schrade@spargelhof.de • www.spargelhof-klaistow.de Hofladen: täglich 9–18 Uhr, Obst- & Gemüseverkauf: täglich 10–17 Uhr, Bäckerei: täglich 8–18 Uhr

36 Syringhof

Familie Syring gründete ihren Hof in der Nähe von Beelitz im Jahr 1991. Was als traditioneller Landwirtschaftsbetrieb begann, hat sich inzwischen um den Anbau von Biokürbissen und die Produktion von Kürbisfeinkost erweitert. Auf rund 900 Hektar baut die Familie – teils konventionell, teils im Ökolandbau – Spargel, Getreide, Sonnenblumenkerne und Kürbisse an. Der Syringhof ist einer der größten Kürbiskernanbauer Deutschlands und vertreibt seine Produkte wie Kürbiskernöl, Kürbiskernpesto und kandierte, dragierte oder geröstete Kürbiskerne weit über die Region hinaus.

Ein Ausflug zum Syringhof lohnt sich nicht nur zur Spargel- oder Kürbiszeit. Der Hofladen bietet von Frühling bis Herbst ein wechselndes Angebot von frischem Obst und Gemüse, Kürbisfeinkost und weiteren Spezialitäten anderer regionaler Anbieter. Im Sommer gibt es auch die Möglichkeit, Blumen selbst zu pflücken. Auf der großen Terrasse und im Wintergarten des Syringhofs kann man bei schöner Aussicht auf die Umgebung Kaffee und Kuchen oder herzhafte Speisen genießen. Ein liebevoll gestalteter Spielplatz, weitläufige Rasenflächen und ein kleines Tiergehege bieten dabei Abwechslung für die Kleinen.

Syringhof, Trebbiner Str. 69f, 14547 Zauchwitz
033204-638 00 · info@beelitzerspargel.de · www.syringhof.de
April bis Juni: täglich 8–18 Uhr, Juli bis Oktober: Donnerstag bis Sonntag 10–17 Uhr

37 Vielfruchthof Domstiftsgut Mötzow

Das denkmalgeschützte Gut Mötzow präsentiert sich heute als »Vielfrucht- und Erlebnishof«, der neben dem Direktverkauf von frischem Spargel auch ein rustikal eingerichtetes Restaurant und einen großen Biergarten bietet. Im alten Speicher des Guts finden regelmäßig Kunstausstellungen statt, in der ehemaligen Stellmacherei sind Keramik, Schmuck und Kunsthandwerk aus der Region erhältlich. Der ehemalige Pferdestall dient als Hofladen, in dem es neben Spargel, Kartoffeln, Schinken, Butter und Sauce Hollandaise je nach Saison auch Erdbeeren, Heidelbeeren, Bohnen und Mairübchen aus eigenem Anbau gibt. Ergänzt wird das Sortiment durch Brot, Wurst, Kartoffeln, Eier und Wein von anderen Produzenten. Für Familien wurden ein kleiner Spielplatz und ein Tiergehege angelegt, in dem zwei Esel, ein Pony, ein Alpaka, Ziegen, Schafe und Kaninchen gestreichelt werden können. Wem der Trubel auf dem Erlebnishof zu viel wird, der kann sich zu Fuß oder mit dem Rad in die Ruhe der umliegenden märkischen Heidelandschaft flüchten und die ausgeschilderten Rundwege erkunden.

Vielfruchthof Domstiftsgut Mötzow, Gutshof 1, 14778 Mötzow
033836-20 80 • info@domspargel.de • www.vielfruchthof.de • In der Spargelsaison: Hofladen täglich von 10–18 Uhr, Restaurant und Hofcafé täglich 11–19 Uhr; Ende Juni bis Ende September: Hofladen geschlossen, Restaurant und Hofcafé Mittwoch bis Sonntag 11–17 Uhr

38 Weinbau Dr. Lindicke

Am Werderaner Wachtelberg betreibt Familie Lindicke auf etwa sieben Hektar Weinbau. Verkauft werden die selbst produzierten Weine, Sekte, Säfte und Brände im Onlineshop. Genießen kann man sie aber auch in der Gastwirtschaft »Weintiene«, die sich idyllisch zwischen die Weinreben schmiegt und einen herrlichen Ausblick bietet. Für Interessierte werden auch Führungen und Weinproben angeboten. Weintiene: Wachtelwinkel 30, 14542 Werder 03327-74 14 10 weinbau@lindicke.de • www.weinbau-lindicke.de Mitte Juni bis Juli: Freitag ab 14 Uhr, Samstag & Sonntag ab 10 Uhr, August bis Mitte Oktober: Montag bis Freitag ab 14 Uhr, Samstag & Sonntag ab 10 Uhr

39 Weingut Klosterhof Töplitz

Das Weingut der Familie Wolenski ist das einzige Bio-Weingut in Brandenburg. Auf dem 2,5 Hektar großen Weinberg wachsen die Weißweinsorten Bacchus, Grauburgunder, Riesling und Weißburgunder und die Rotweine Regent und Saint Laurent. Am Wochenende und an Feiertagen ist hier eine Besenwirtschaft mit 60 Sitzplätzen innen und weiteren 120 auf der Terrasse geöffnet. Zum Wein gibt es dann regionale und saisonale Küche. Am Alten Weinberg 1, 14542 Töplitz 033202-618 41 wolenski2019@t-online.de • www.weingut-toeplitz.de Weinverkauf: täglich nach telefonischer Absprache, Besenwirtschaft (bei gutem Wetter): April bis September: Samstag, Sonntag & feiertags 12–20 Uhr

40 Werderaner Tannenhof – DER Weihnachtsladen

Ein Saisongeschäft der besonderen Art betreibt der Werderaner Tannenhof: Hier kann man sich ab Mitte November auf der Plantage seinen Weihnachtsbaum aussuchen und mit Hilfe einer geliehenen Säge gleich selbst schlagen. Der Hofladen ist ein wahres Weihnachtsparadies, in dem man neben vielfältigen Dekoartikeln, Baumschmuck, Lichterketten und Ständern auch Tannenlikör, Tannenhonig und verschiedene Marmeladen bekommt. Lehniner Chaussee 11, 14542 Plessow 03327-432 65 kontakt@werderaner-tannenhof.de • www.werderaner-tannenhof.de Mitte November bis 23. Dezember: täglich 9–17 Uhr, 24. Dezember: 9–12 Uhr

41 Wildhof am Weinberg

Im kleinen Ort Reckahn, der zur Gemeinde Kloster Lehnin gehört, betreiben Olaf und Elke Andert ihren Wildhof am Weinberg. Das Wildbret wird hier in Handarbeit küchenfertig vorbereitet und auch in Form von Salami, Schinken, Knackern, Leberwurst und Schmalz angeboten. Lohnenswert ist ein Besuch der Barockkirche, des Schulmuseums und des Rochow-Museums im Schloss Reckahn. Krahner Straße 7, 14797 Reckahn 033835-405 22 info@wildhofamweinberg.de • www.wildhofamweinberg.de

Auf dem Weingut Klosterhof Töplitz

Verlockung am Straßenrand

Berlin

5 Milchhof Mendler

Der Milchhof wurde 1930 in Schöneberg gegründet und zog 1982 nach Rudow um, wo die Brüder Achim und Georg Mendler heute Gras und Mais anbauen, 80 Milchkühe sowie einige Limousinrinder halten und eine Pferdepension betreiben. Im Hofladen gibt es Rohmilch und Fleischprodukte aus eigener Produktion, selbstgebackenes Vollkornbrot und Obst, Gemüse, Eier, Butter, Käse und Geflügel (auf Bestellung) von regionalen Erzeugern. Lettberger Straße 94, 12355 Berlin-Rudow 030-663 40 44 milchhof.mendler@web.de • www.milchhof-mendler.de Montag und Dienstag 7–11 Uhr, Dienstag, Donnerstag und Freitag 7–11 Uhr & 15–17 Uhr, Samstag 7–12 Uhr, Sonntag 8–10 Uhr

6 NaturHofladen Malchow

Der Verein Naturschutz Berlin-Malchow bietet auf seiner Naturschutzstation einen Hofladen und ein »Storchencafé«, in dem Kaffee, Kuchen und herzhafte Gerichte aus Biozutaten angeboten werden. Im Hofladen gibt es regionale Bioprodukte, Fleisch von selbst gezüchteten Robustrindern, Honig vom Vereinsimker und Obst von eigenen Streuobstwiesen in Lichtenberg und Marzahn-Hellersdorf. Auf dem Gelände können ein Sinnesgarten, Blütenbeete und ein Teich erkundet werden. Dorfstraße 35, 13051 Berlin-Malchow 030-927 80 58 naturhofladen@naturschutz-malchow.de www.naturschutzstation-malchow.de Mittwoch bis Sonntag 10–17 Uhr

7 Vierfelderhof

Auf dem Spandauer Vierfelderhof wird seit 2009 Biolandbau betrieben. Hier leben Hühner, Schafe, Ziegen, Kaninchen und Angler-Sattel-Schweine in artgerechter Haltung. Im Hofladen gibt es aus eigener Produktion Obst, Gemüse, Kräuter, Eier, Honig, Fruchtaufstriche, Frischgeflügel sowie Schinken, Wurst und Fleisch vom Schwein. Jeden Samstag wird frisches Bauernbrot gebacken. Im Hofcafé bekommt man Kaffee, Kuchen, Eintöpfe, Salate und andere Gerichte. Groß-Glienicker Weg 30, 14089 Berlin-Gatow 030-369 96 917 gatow@vierfelderhof.de • www.vierfelderhof.de Mai bis September: Mittwoch bis Sonntag 10–18 Uhr, Oktober bis April: Mittwoch bis Sonntag 10–17 Uhr

8 Weichardt Brot

Die Bäckerei Weichardt Brot war bei ihrer Gründung 1977 die erste Demeter-Bäckerei in Deutschland. Heute hat das Unternehmen mehrere Filialen, eine davon auf dem Gelände der Klinik Havelhöhe in Spandau. Hier findet man ein verlockendes Angebot an frischem Brot, Kuchen und Patisserie, das auch gleich vor Ort verzehrt werden kann. Daneben gibt es ein kleines Bioladensortiment mit frischem Obst, Gemüse, Milch, Butter, Wurst, Honig, Gewürzen und Tees. Kladower Damm 221, 14089 Berlin-Kladow 030-369 92 484 info@weichardt.de • www.weichardt.de Dienstag bis Freitag 9–18 Uhr, Samstag 9–17 Uhr, Sonntag & Montag 12–17 Uhr

Auslage im NaturHofladen Malchow

Anhang

Wegweiser auf Gut Temmen

Verzeichnis der Hofläden

Register

Bildnachweis

Stefan Deutsch: 44 (6)
Gerhard Drexel: 28 u., 44 (5), 57 (14), 57 u., 64 (28), 64 u., 73, 87 (19), 97, 98, 111 (7), 114, 139, 168, 169
Ingrid Feix: 75 (11)
Marleen Herzlieb: 138 (13)
Katja Hiendlmayer: 107, 108 u.
Michael Kompe: 145, 146
Katrin Kruse: 38 u.
Pixabay: 15 (2), 24 (13), 28 (19), 31 (24), 36 (3), 36 u., 51 (2), 63 (25), 66 (35), 67 (37), 68 (41), 71 (1), 75 (12), 76, 80 (18), 83 (8), 84 (11), 84 (12), 86 (15), 95 (6), 99 (14), 100 (15), 106 (15), 116 (8), 116 (9), 116 (10), 119 (13), 119 (15), 119 (16), 120 (19), 121 (21), 131 (14), 132 (17), 140 (18), 144 (5), 151 (20), 155 (30)
Radke, Sascha / Eventpress: 54 (9)
Claus-Dieter Steyer: 36 (2)
Andrè Wirsig / REGiO-Nord mbH: 40 u.
Robert Zagolla: 6, 8, 56, 61, 70, 71 (2), 71 (3), 72 (8), 78, 79, 80 (20), 87 u., 108 (17), 127 (3), 132 (15), 142, 143 (1), 150, 151 (18), 152 (25), 155 (31), 155 (32), 156 (33), 158
Matthias Zimmermann: 157

Dank

Bei der Erstellung eines Buches wie diesem ist man als Autor auf Unterstützung angewiesen. Besonders danken möchte ich an dieser Stelle Ingrid Feix, Marijke Leege-Topp und Matthias Zimmermann, die mir nicht nur bei der Konzeption mit Rat und Tat zur Seite standen, sondern auch Fotos von ihren eigenen Hofladenbesuchen zur Verfügung gestellt haben. Auch Gerhard Drexel verdanke ich einige Hinweise und schöne Fotos.

Für die Unterstützung bei der Überprüfung und Aktualisierung der vielen Adressen und Öffnungszeiten sowie bei der Bildrecherche danke ich insbesondere Elena Straßl, Susanne Kolesova, Charlotte Lange, Hannah Ahlgrimm, Charlotte Decker und, nicht zuletzt, Nele Robitzky, die das Buch als Lektorin mit viel Umsicht betreut hat.

Mein Dank gilt auch den Betreiberinnen und Betreibern der vorgestellten Hofläden und Manufakturen, die das Projekt wohlwollend begleitet und die vielen Fragen geduldig beantwortet haben.

Der Autor

Robert Zagolla, geboren 1973, studierte Geschichte und Kunstgeschichte in Berlin und Tübingen. Seit 2004 arbeitet er als Lektor und Autor im Sachbuchbereich. Er verfasste mehrere Bücher zu verschiedenen Themen aus Geschichte und Gegenwart. Robert Zagolla lebt in Berlin, von wo aus er gern und viel nach Brandenburg reist. Zuletzt erschienen von ihm die Bücher »Brandenburg auf dem Wasser« (mit Ingrid Feix, Marijke Topp und Matthias Zimmermann) sowie »Brandenburg mit Kindern«.

Entdecken Sie Brandenburg!

Martin Mosch
Brandenburg landeinwärts
Besondere Wanderungen
in der Mark
ISBN 978-3-86124-664-0

4. Aufl.

Robert Zagolla
Brandenburg mit Kindern
Der Familien-Ausflugsführer –
Mit den besten Tipps und Adressen
ISBN 978-3-86124-670-1

Feix / Topp / Zagolla / Zimmermann
Brandenburg auf dem Wasser
Die schönsten Ausflüge mit
Dampfer, Kanu, Hausboot & Co
ISBN 978-3-86124-687-9

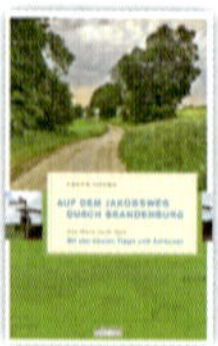

Band 1

Frank Goyke
Auf dem Jakobsweg durch Brandenburg
Von Nord nach Süd
ISBN 978-3-86124-693-0

Band 2

Frank Goyke
Auf dem Jakobsweg durch Brandenburg
Von Ost nach West
ISBN 978-3-86124-704-3

Tom Wolf
Weinland Brandenburg
Ausflüge zu alten und neuen
Weinorten
ISBN 978-3-86124-695-4

Therese Schneider
Auf dem Rad durch Brandenburg
Besondere Touren durch die Mark
ISBN 978-3-86124-697-8

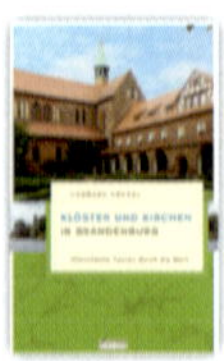

2. Aufl.

Gerhard Drexel
Klöster und Kirchen in Brandenburg
Himmlische Touren durch die Mark
ISBN 978-3-86124-702-9

Rolf Schneider / Therese Schneider
Literatouren durch Brandenburg
Ausflüge auf den Spuren von
Dichtern und Schriftstellern
ISBN 978-3-86124-705-0

Therese Schneider
Mit dem Fahrrad auf Fontanes Spuren
Radwanderungen durch
die Mark Brandenburg
ISBN 978-3-86124-722-7

Gregor Münch
Unterwegs in Brandenburg
Einzigartige Wege zum
Spazieren und Wandern
ISBN 978-3-86124-727-2

Gerhard Drexel
Sehnsuchtsorte in Brandenburg
Refugien für den kleinen Urlaub
ISBN 978-3-86124-735-7